ALFONS GERN

Der Vertrag zwischen Privaten über öffentlichrechtliche Berechtigungen und Verpflichtungen

Schriften zum Öffentlichen Recht

Band 320

Der Vertrag zwischen Privaten über öffentlichrechtliche Berechtigungen und Verpflichtungen

Zur Dogmatik des öffentlichrechtlichen Vertrages

Von

Dr. iur. Alfons Gern

DUNCKER & HUMBLOT / BERLIN

CIP-Kurztitelaufnahme der Deutschen Bibliothek

Gern, Alfons

Der Vertrag zwischen Privaten über öffentlichrechtliche Berechtigungen und Verpflichtungen:
zur Dogmatik d. öffentl.-rechtl. Vertrages. —
1. Aufl. — Berlin: Duncker und Humblot, 1977.
    (Schriften zum Öffentlichen Recht; Bd. 320)
    ISBN 3-428-03926-2

ISBN 3 428 03926 2

Vorwort

Das vorliegende Buch, das aus einer Dissertation der Universität München von 1976 hervorgegangen ist, widmet sich einem zwar hinreichend bekannten, aber bislang höchst unvollkommen gelösten juristisch-dogmatischem Problem: Der rechtstheoretischen Durchbildung des Instituts des öffentlichrechtlichen Vertrags im Grenzbereich zwischen öffentlichem und privatem Recht. War freilich speziell der Vertrag zwischen staatlichem Hoheitsträger und Privatrechtssubjekt schon öfters Gegenstand wissenschaftlich-literarischen Interesses, so ist der Vertrag mit öffentlichrechtlichem Bezug, der unter ausschließlicher Beteiligung Privater eingegangen wird, bis heute absolut vernachlässigt worden. Trotz einer nicht geringen praktischen Bedeutung dieser Rechtsfigur finden sich weder in der deutschen, der österreichischen, noch in der schweizerischen Verwaltungsrechtsliteratur systematische Darstellungen.

Mein Anliegen ist es, die bestehende Lücke zu schließen und einer dogmatischen Erfassung dieses Vertragstypus fördernde Impulse zu verleihen.

Mein besonderer Dank gilt dem Betreuer der Abhandlung, Herrn Prof. Dr. Christian Graf von Pestalozza. Ihm verdanke ich wertvolle geistige Anregungen zum Thema. Herrn Prof. Dr. Peter Badura gilt mein Dank für die Begutachtung der Arbeit.

Recht herzlich bedanken möchte ich mich bei meiner Frau Bärbel für ihre vielfältige Hilfe bei der Abfassung der Arbeit sowie bei meiner Mutter für ihre Unterstützung.

Mein Dank gilt auch Frau M. Finneiß, die die Abhandlung in Maschinenschrift übertragen hat.

Zu danken habe ich schließlich Herrn Prof. Dr. J. Broermann für die Aufnahme der Arbeit in die Reihe „Schriften zum Öffentlichen Recht".

Rechtsprechung und Literatur sind im wesentlichen bis Januar 1977 berücksichtigt.

Friesenheim, im April 1977   *Alfons Gern*

Inhaltsverzeichnis

3. Kapitel

Die Rechtsnatur der Verträge   38

4. Kapitel

Die Vertragszulässigkeit 60

5. Kapitel

Die anzuwendenden Vertragsregeln

6. Kapitel

Einzelne Vertragsfälle und ihre Beurteilung

7. Kapitel

Zusammenfassung 107

Literaturverzeichnis 111

Entscheidungsregister 118

1. Kapitel

Einführung und Problemstellung

Der Vertrag zwischen Privaten zur Regelung traditionell dem öffentlichen Recht zugeordneter Berechtigungen und Verpflichtungen erscheint in der Rechtswirklichkeit in verschiedenen Rechtsbereichen. Teils ist er gesetzlich ausdrücklich vorgesehen, teils wird er ohne ausdrückliche normative Ermächtigung eingegangen. Er begegnet im Bereich des Verwaltungsrechts: Zwei Studenten vertauschen die ihnen zugeteilten Studienplätze; der haltepflichtige Verkehrsteilnehmer räumt dem Vorfahrtsberechtigten einverständlich durch Handzeichen die Vorfahrt ein; der wegereinigungspflichtige Hauseigentümer wälzt die öffentlichrechtliche Reinigungspflicht auf den Mieter ab. Zwei Bezirksschornsteinfeger regeln die gegenseitige Vertretung in der Feuerstellenschau näher. Der Beamte tritt sein Gehalt ab. Parallele Vertragsgestaltungen sind auch aus dem verfassungsrechtlichen Bereich bekannt: Der Abgeordnete verpflichtet sich seiner Partei gegenüber, für den Fall seines Parteiaustritts während einer Legislaturperiode sein Mandat niederzulegen. Vereinbarungen zwischen Privaten entsprechender Struktur sind schließlich auch aus dem Strafrecht, dem Prozeßrecht bekannt: Der Beleidigte verzichtet vertraglich auf die Anzeige; die Prozeßparteien nehmen einverständlich eine Gerichtsstandvereinbarung vor. Vorliegende Untersuchung beschränkt sich auf den Bereich des Verfassungs- und Verwaltungsrechts[1].

Je nach der Qualität privater Beteiligung sind verschiedene Vertragsgestaltungen möglich. Die privaten Vertragsparteien kontrahieren entweder koordinationsrechtlich in ihrer Eigenschaft als Rechtssubjekte des Privatrechts oder als beliehene Hoheitsträger. Beide Varianten sind auch subordinativ denkbar. Ein beliehener Hoheitsträger schließt einen Vertrag mit dem Rechtssubjekt des Privatrechts als solchem.

Die wissenschaftliche Erörterung der gemeinten Verträge ist in Rechtstheorie und Gerichtspraxis durch Uneinheitlichkeit der Metho-

---

[1] Vgl. zum Prozeßvertrag *Schlosser*, Einverständliches Parteihandeln im Zivilprozeß, 1968; *Hellwig*, Zur Systematik des zivilprozeßrechtlichen Vertrags, 1968; *Steffen*, Der öffentlichrechtliche Vertrag im heutigen Recht, deutsche Diss. iur. Königsberg 1938, S. 45.

dik und ihrer Schlußfolgerungen gekennzeichnet. Typisch ist eine Entscheidung des *OLG Bamberg*[2], der im wesentlichen folgender Sachverhalt zugrundelag:

Der Nachbar eines Bauwilligen hatte diesem durch Vertrag die bindende nachbarrechtliche Zustimmung zu einem geplanten Bauvorhaben — betreffend den nach öffentlichem Baurecht einzuhaltenden Grenzabstand — erteilt. Der Baugenehmigungsbehörde gegenüber verweigerte er später im Genehmigungsverfahren die Zustimmung und klagt nach erfolglosem Widerspruch gegen die Genehmigung. Der Bauherr verlangt die Zustimmung und die Klagerücknahme durch Klage vor dem Zivilgericht.

Sowohl das Landgericht als auch das Oberlandesgericht bejahten die Zulässigkeit des ordentlichen Rechtswegs. Vom Terrain der Gegenstandstheorie führte das OLG aus, zwar könne für die Abgrenzung, ob ein Vertrag dem öffentlichen oder dem privaten Recht zuzuordnen sei, nicht entscheidend sein, ob die Vertragsparteien Personen des öffentlichen oder des Privatrechts seien; indes handele es sich bei der baurechtlichen Zustimmung um einen Akt, den das Gesetz den Beteiligten freistelle und zu dem sie sich deshalb schuldrechtlich verpflichten könnten[3]. *Menger/Erichsen*[4] qualifizieren die Vereinbarung öffentlichrechtlich. Nach ihrer Ansicht wäre dem Gericht nur zu folgen, wenn feststehe, daß zwischen Privaten, die nicht Hoheitsträger sind, keine öffentlichrechtlichen Verträge möglich seien. Von der Gegenstandtheorie sei diese Einschränkung indes nicht zu begründen. *Hillermeier*[5] meint, die Argumentation des Gerichts könne schon deshalb nicht überzeugen, da es für die Abgrenzung in Wahrheit nicht auf den Vertragsgegenstand, sondern auf die Dispositionsbefugnis abgestellt habe; diese setze aber sowohl ein privatrechtlicher als auch ein öffentlichrechtlicher Vertrag voraus; richtigerweise sei der Vertrag öffentlichrechtlicher Natur, da er durch Normen des öffentlichen Rechts geprägt werde.

Vorstehende Äußerungen indizieren die juristische Doppelproblematik des Vertrags als Handlungsform zwischen Privaten zur Regelung öffentlichen Rechts: Wie läßt sich eine Vereinbarung, an der ausschließlich der Private beteiligt ist, aber Regelungsgegenstand Rechte und Pflichten des öffentlichen Rechts sind, systematisch in unsere Rechtsordnung einfügen? Ist der Vertrag dem öffentlichen Recht — als öffentlichrechtlicher Vertrag zwischen Privatpersonen — oder dem Privatrecht zuzuordnen? Ist seine Qualifikation variabel; gehört er als *gemischter Vertrag* beiden Rechtsbereichen an oder besitzt er etwa

---

[2] OLG Bamberg, DVBl 1967, 55.
[3] OLG Bamberg, ebd., S. 56.
[4] Verwaltungsarchiv Bd. 58 (1967), 177 (178).
[5] DVBl 1967, 19/21.

als qualifikationsindifferentes Rechtsneutrum keinen konkreten Rechtszuordnungsgehalt? Ist im Streitfalle der Verwaltungsrechtsweg oder der Zivilrechtsweg gegeben? Zweitens: Wann kann der gemeinte Vertrag seiner Handlungsform, seinem Inhalt nach „zulässig" sein? Bestimmt die Qualifikationsfrage die Rechtmäßigkeit, das allgemeine Vertragsrecht oder steht beides in Ursache und Wirkung unabhängig nebeneinander?

Die zutreffende Beurteilung steht offen. Gesetzliche Qualifikationsvorschläge gibt es durchweg nicht. Sie finden sich insbesondere auch nicht in dem ab 1.1.1977 für die Ausführung von Bundesrecht geltenden Verwaltungsverfahrensgesetz des Bundes[6] oder den Verwaltungsverfahrensgesetzen der Länder. Die in diesen Gesetzen gewählte Umschreibung des öffentlich-rechtlichen Vertrages läßt Raum für mehrere Deutungsmöglichkeiten. Für die Qualifikation gilt nach diesen Vorschriften[7] nur der — vage — Satz, daß ein Vertrag öffentlich-rechtlich sei, der ein Rechtsverhältnis „*auf dem Gebiete des öffentlichen Rechts*" gestalte. Wann dies zwischen Privaten der Fall sein kann, steht dahin. Entsprechendes gilt für die Vertragszulässigkeit. Unter welcher Prämisse stehen die Handlungsform, dem Inhalt des Vertrags außerhalb der konkreten Regelung „Rechtsvorschriften" entgegen? Gleiches gilt schließlich für das im einzelnen anzuwendende Vertragsrecht. Gem. § 62 VwVfG gelten, soweit sich aus den §§ 54 bis 61 nichts Abweichendes ergibt, die Vorschriften des Bürgerlichen Gesetzbuches entsprechend. Inwieweit die Interessenlage indes zwischen privatrechtlichem und öffentlichrechtlichem Vertrag — speziell zwischen Privaten — gleich ist oder unter welchen Voraussetzungen sie gleich sein kann, ist unbestimmt. Einordnung, Zulässigkeit und Vertragsrecht sind ausschließlich wissenschaftlicher Erkenntnis überlassen. Für Bundesländer, in denen ein Landesverwaltungsverfahrensgesetz fehlt, gilt dieser Satz im übrigen uneingeschränkt.

---

[6] BGBl 1976 I S. 1253.
[7] Vgl. etwa § 54 VwVfG des Bundes.

2. Kapitel

Der Meinungsstand in Literatur und gerichtlicher Spruchpraxis

I. Bestandsaufnahme

1. Gesetzlich vorgesehene Vereinbarungen

In mehreren Bundes- und Landesgesetzen, auch dem früheren Recht, sind Verträge zwischen Privaten vorgesehen, die öffentlichrechtliche Berechtigungen oder Verpflichtungen zum Regelungsgegenstand haben.

a) Vertragsermächtigungen im Wegerecht

In zahlreichen Landesstraßengesetzen[1] findet sich — mit einigen Abweichungen in der Formulierung — eine Regelung, die ihr Vorbild in § 6 *preußisches Wegereinigungsgesetz* vom 1. Juli 1912[2] besitzt: „Hat für den zur polizeimäßigen Reinigung Verpflichteten ein Anderer der Ortspolizeibehörde gegenüber mit deren Zustimmung durch schriftliche oder protokollierte Erklärung die Ausführung der Reinigung übernommen, so ist er zur polizeimäßigen Reinigung öffentlichrechtlich verpflichtet. Solange diese Verpflichtung besteht, darf die Ortspolizeibehörde sich nur an den Übernehmer halten".

Schwierigkeiten bereiten sowohl Qualifikation als auch inhaltliche Deutung der Bestimmung. Teils wird eine Vereinbarung im Hinblick auf die öffentlichrechtliche Regelungsmaterie öffentlichrechtlich qua-

---

[1] Vgl. § 6 Straßengesetz Berlin vom 11.7.57 idF vom 9.6.64 (GVBl S. 693); § 11 Straßenordnung Bremen vom 10.5.1960 (GBl S. 51); § 30 Wegegesetz Hamburg vom 4.4.1961 (GVBl S. 117), in der Fassung vom 5.2.1974 (GVBl S. 41) allerdings aufgehoben; § 52 Straßengesetz Niedersachsen vom 14.12.1962 (GVBl S. 251); § 49 Landesstraßengesetz Nordrhein-Westfalen vom 28.11.1961 (GVBl S. 305), hier gilt gem. § 49 Abs. 2 die Vorschrift des § 6 preußisches Wegereinigungsgesetz fort; § 45 Straßen- und Wegegesetz Schleswig-Holstein vom 22.6.1962 (GVOBl S. 237); § 53 Abs. 3 Straßengesetz Saarland vom 17.12.1964 (ABl 1965, S. 117), auch hier gilt § 6 preußisches Wegereinigungsgesetz.

[2] GS S. 187.

lifiziert[3], teils ohne nähere Begründung privatrechtlich[4], teils wird ein vollständiger öffentlichrechtlicher Pflichtenübergang angenommen[5], zum Teil wird dem Vertrag nur „privatrechtliche" Wirkung zuerkannt[6].

Entsprechend der Möglichkeit zur vertraglichen Änderung der Wegereinigungspflicht war im früheren Recht nach verschiedenen Gesetzen auch die Wegeunterhaltungspflicht unter Privaten vertraglich regelbar: § 225 der *Wegeordnung für die Herzogtümer Schleswig und Holstein* vom 1. 3. 1842[7] gestattete Privaten kontraktliche Regelungen der öffentlichrechtlichen Wegeunterhaltungspflicht bei Nebenwegen. Eine ähnliche Möglichkeit eröffnete das *hannoversche Wegegesetz* vom 28. 7. 1851 in § 24[8]. Schließlich ist auf das *„Gesetz betreffend die Vorausleistungen zum Wegebau"* vom 18. 8. 1902[9] zu verweisen. Nach den §§ 4 und 6 des Gesetzes konnten sich der private Wegeunterhaltungspflichtige und der Unternehmer, der eine Straße in erheblichem Maße abnutzte, gütlich darüber einigen, welche Beiträge der Unternehmer als Vorausleistungen für vermehrte Abnutzung zu erbringen hatte. Die vereinbarten Beiträge unterlagen gem. § 7 dem Verwaltungszwangsverfahrens in gleicher Weise, wie wenn sie behördlich festgesetzt worden wären. Aufgrund dieser Vorschriften eingegangene Verträge wurden wegen ihrer öffentlichrechtlichen Wirkungen „öffentlichrechtlich" qualifiziert[10].

---

[3] So *Laufkötter*, Vereinbarungen, S. 19; *Kohl*, Die Möglichkeit, S. 27; *W. Jellinek*, Verwaltungsrecht, 3. Auflage 1931, S. 199; *Simons*, Leistungsstörungen verwaltungsrechtlicher Schuldverhältnisse, 1967, S. 66 zu § 6 preußisches Wegereinigungsgesetz; zu den Landesregelungen OVG Lüneburg, Urteil vom 23. 11. 1970, DVBl 1972, 154 (155).

[4] So *Steffen*, Der öffentlichrechtliche Vertrag, S. 47 für § 6 pr. Wegereinigungsgesetz; für § 11 bremische Straßenordnung *Ketterer / Giehl / Leonhardt*, Die Streupflicht, 1970, S. 72: „Die Streupflicht ist an das Fortbestehen des zugrundeliegenden privatrechtlichen Vertrages geknüpft"; für § 6 Straßengesetz Berlin KG NJW 1968, 605 (607); *Otto*, Anmerkung zu KG NJW 1968, 605 (607) in NJW 1968, 1236 und offensichtlich auch *Koch*, NJW 68, 2329.

[5] So *Geigel*, Der Haftpflichtprozeß, 12. Auflage 1964, S. 287 Anm. 132; *Ketterer / Friedrich*, Die Streupflicht in Gesetzgebung und Rechtsprechung, 2. Auflage, S. 14 und 26; OLG Köln, NJW 1960, 2289; OLG Celle ZMR 62, 43; KG NJW 1968, 605 (606); für § 6 pr. Wegereinigungsgesetz *W. Jellinek*, Verwaltungsrecht, 3. Auflage 1931, S. 199.

[6] Vgl. etwa *Germershausen / Seydel*, Wegerecht und Wegeverwaltung in Preußen, 4. Auflage 1932, Bd. I, S. 65 f.

[7] Zitiert bei *Jedlicka*, Der öffentlichrechtliche Vertrag, S. 102; diese Möglichkeit besteht heute auch noch in Bayern bei nichtausgebauten Feld- und Waldwegen gem. Art. 54 Abs. 4 bayerisches Straßen- und Wegegesetz in der Fassung vom 25. 4. 1968 (GVBl S. 64).

[8] Zitiert bei demselben, ebd.

[9] Pr. GS S. 315.

[10] Vgl. *Jedlicka*, S. 102 mit weiteren Nachweisen aus der Rechtsprechung des preußischen Oberverwaltungsgerichts; *W. Jellinek*, Verwaltungsrecht, S. 199 für § 225; für die §§ 4 und 6 des letztgenannten Gesetzes *Laufkötter*, Vereinbarungen, S. 19.

Zum Wegerecht gehört auch ein viel diskutierter Fall im Rahmen der öffentlichen Wegenutzung durch private Straßenbahnunternehmer. Aus dem früheren Rechtszustand waren es die Verträge nach § 6 *preußisches Kleinbahngesetz* vom 28. Juli 1892[11] und nach § 15 des *Gesetzes über die Beförderung von Personen zu Lande* vom 6. 12. 1937[12]. Heute gilt § 32 des *Personenbeförderungsgesetzes* vom 21. 3. 1961[13]. Danach können der Straßenbahnunternehmer und der Träger der Straßenbaulast die Art der Benutzung der öffentlichen Straße unter sich vertraglich ausmachen; außerdem kann mit Zustimmung der Genehmigungsbehörde ein Entgelt für die Straßenbenutzung vereinbart werden. Beide Vertragsparteien können Privatpersonen[14] sein. Überwiegend werden solche Vereinbarungen aufgrund ihres öffentlichrechtlich geprägten Gegenstandes als öffentlichrechtliche Verträge angesehen[15], teils aber auch ohne nähere Begründung zivilrechtlich[16] qualifiziert.

b) Regelungsbefugnisse nach Wasserrecht

Verschiedene gesetzliche Beispiele fanden sich im ehemaligen preußischen Wasserrecht: Wenn nach § 44 *preußisches Wassergesetz* vom 7. 4. 1913[17] private Eigentümer mehrerer aneinandergrenzender Teile eines Wasserlaufs die Ausübung der ihnen zustehenden öffentlichrechtlichen Wassernutzungsrechte untereinander vertraglich ausmachten, so galten ihre Grundstücke hinsichtlich der Zulässigkeit der Ausübung als einziges Grundstück. Dem Vertrag wurde ohne konkrete Begründung privatrechtliche Wirkung zuerkannt, und er wurde insgesamt dem Zivilrecht zugeordnet[18].

---

[11] GS S. 225.

[12] RGBl I S. 1319.

[13] BGBl I S. 241.

[14] Für den Fall des § 6 preußisches Kleinbahngesetz ist *W. Jellinek*, S. 526 (527), der Auffassung, daß der private Straßenbahnunternehmer als beliehener Hoheitsträger tätig werde.

[15] So etwa *Bidinger*, Personenbeförderungsgesetz, 1971, Anm. 4 zu § 32 des Gesetzes; OVG Lüneburg, DVBl 1972, 155; *Forsthoff*, Lehrbuch des Verwaltungsrechts, Bd. 1, 10. Auflage 1973, S. 280 f.; *Merk*, Deutsches Verwaltungsrecht, 1962, S. 906; *Simons*, Leistungsstörungen, S. 66, (FN 53) für § 32 Personenbeförderungsgesetz; für § 15 des Gesetzes über die Beförderung von Personen zu Lande *Forsthoff*, 9. Auflage, S. 268/269; *Steffen*, S. 47 für § 6 preußisches Kleinbahngesetz; *W. Jellinek*, S. 253; *Fleischmann*, Gruchot, Bd. 61 (1917), 689 f. (713 f.); die in diesem Zusammenhang zitierte Entscheidung des Reichsgerichts (RGZ 92, 310 [311]) betrifft einen Fall unter Beteiligung einer Stadtgemeinde; vgl. auch *Pestalozza* JZ 1975, 50 (52) FN 12.

[16] *Fielitz* u. a., Personenbeförderungsgesetz, Stand 1972, Anm. 2 zu § 32; *Kohl*, S. 27 für § 6 pr. Wegereinigungsgesetz.

[17] GS S. 53.

[18] Vgl. *Barocka*, Verwaltungsarchiv Bd. 61 (1960), S. 1 f. (5 unten).

Ebenfalls als privatrechtlicher Vertrag wurde die nach § 113 Abs. 2 prWG mögliche Vereinbarung über die Unterhaltungspflicht von öffentlichen Wasserläufen und Ufern angesehen. Zurechnungsgrund war die gesetzlich vorgesehene „privatrechtliche Wirkung" solcher Vereinbarungen[19].

Im Hinblick auf die öffentlichrechtlich belegene Regelungsmaterie wurden folgende Vorträge öffentlichrechtlich qualifiziert[20]: Nach § 115 Abs. 3 WG mußte ein Unternehmer, der einen Wasserlauf ausgebaut hatte, diesen fernerhin unterhalten. Die Unterhaltung konnte aber von dem bisher Verpflichteten durch Vereinbarung mit dem Unternehmer unter Zustimmung der Wasserpolizeibehörde wieder übernommen werden. Gem. § 121 konnte die Verpflichtung zur Uferunterhaltung von den beteiligten Grundstückseigentümern durch Vereinbarung anders als im Gesetz geregelt werden. Die Wasserpolizei mußte zustimmen. Nach § 129 Abs. 3 konnten an den Stellen, an denen für die Unterhaltung des Wasserlaufs und für die Erhaltung der Flößbarkeit zwei verschiedene Verpflichtete vorhanden waren, diese mit Zustimmung der Wasserpolizei vereinbaren, daß einer von ihnen beide Verpflichtungen übernimmt. Gem. § 174 Abs. 4 konnten sich die Anlieger, der Unterhaltungspflichtige und der Unternehmer, der den Wasserlauf ausbauen wollte, untereinander einigen, welcher Kostenanteil von dem Ausbau auf jeden einzelnen von ihnen entfallen sollte. Bei Nichtzustandekommen einer Einigung entschied der Bezirksausschuß durch Beschluß.

Mehrere gesetzliche Bestimmungen finden sich auch in den geltenden Landeswassergesetzen. Nach § 55 *Wassergesetz Nordrhein-Westfalen*[21] vom 22. 5. 1962[22] kann die Erfüllung der öffentlichrechtlichen Unterhaltungspflicht aufgrund einer Vereinbarung unter Zustimmung der oberen Wasserbehörde mit öffentlichrechtlicher Wirkung von einem anderen übernommen werden. Entsprechendes gilt nach § 71 für die Deichunterhaltung. Beide Partner können nach der Gesetzeslage Private sein. Von *Erichsen/Martens*[23] und *Wolff/Bachof*[24] wird

---

[19] *Barocka*, S. 5.

[20] So etwa *Laufkötter*, Vereinbarungen, S. 19; *Barocka*, S. 5 f. mit weiteren Nachweisen; *Steffen*, S. 46.

[21] In folgenden Bundesländern gibt es Parallelvorschriften: Artikel 44 bayerisches Wassergesetz vom 28. 7. 1962 (GVBl S. 143) — bei gemeindefreien Gewässern; § 43 und § 59 WG Berlin vom 23. 2. 1960 (GVBl S. 133); § 107 Abs. 2 WG Bremen vom 13. 3. 62 (GBl S. 59); § 41 und § 57 Wassergesetz Hamburg vom 29. 6. 1960 (GVBl S. 335); § 66 WG Hessen vom 6. 7. 1960 (GVBl S. 69); § 88 WG Niedersachsen vom 7. 7. 1960 (GVBl S. 105); § 58 WG Rheinland-Pfalz vom 1. 8. 1960 (GVBl S. 153); § 53 und § 68 WG Saarland vom 28. 6. 1960 (ABl S. 511); § 44 und § 60 WG Schleswig-Holstein vom 25. 2. 1960 (GVBl S. 39).

[22] GVBl S. 235.

[23] Allgemeines Verwaltungsrecht, 1975, § 25 IV, S. 108.

den öffentlichrechtlichen Wirkungen ausschlaggebende Bedeutung für die öffentlichrechtliche Vertragseinordnung zuerkannt. Gem. § 19 *Wassergesetz Baden-Württemberg* vom 25. 2. 1960[25] können sich die Inhaber von Wasserbenutzungsrechten und -befugnissen über Art, Maß und Zeiten der Ausübung ihrer Rechte mit öffentlichrechtlicher Wirkung einigen. Die Vereinbarung und ihre Kündigung bedürfen der Zustimmung der Wasserbehörde; sie darf nur aus Gründen des Wohls der Allgemeinheit versagt werden. Nach § 51 des Gesetzes[26] können sich mehrere Träger der Unterhaltungslast der gleichen Gewässerstrecke über die Erfüllung ihrer gemeinsamen Verpflichtung einigen. Bei Nichteinigung entscheidet die Wasserbehörde. Nach *Merk*[27] sind diese Verträge wegen ihres öffentlichrechtlichen Regelungsgegenstandes öffentlichrechtlich zu qualifizieren.

c) Übereinkünfte aufgrund Baurechts

In § 110 *Bundesbaugesetz* vom 23. 6. 1960[28] hat der Gesetzgeber nach früherem Vorbild[29] den „Expropriationsvertrag" vorgesehen. Durch ihn wird die Möglichkeit eröffnet, eine durch staatlichen Akt der Enteignungsbehörde mögliche Enteignung durch gütliche Vereinbarung zu ersetzen. Gem. § 112 des Gesetzes steht der Vertrag in seinem Rechtswert einem Enteignungsbeschluß der zuständigen Baubehörde gleich. Vertragspartner sind der Antragsteller der Enteignung und der davon potentiell Betroffene. Beide Vertragsparteien können Privatpersonen sein[30]. Die Meinungen über die Rechtsnatur des Enteignungsvertrages sind geteilt. Überwiegend herrscht aufgrund des öffentlichrechtlichen Bezugs die öffentlichrechtliche Einordnung vor[31], teils wird der Vertrag aber auch wegen seines typischen Inhalts dem Zivilrecht zugewiesen[32].

---

[24] Verwaltungsrecht I, § 44 II b.

[25] GesBl S. 17 in der Neufassung v. 24. 4. 1976 (GesBl S. 369).

[26] In den übrigen Bundesländern finden sich keine entsprechenden Regelungen.

[27] Deutsches Verwaltungsrecht 1962, S. 906.

[28] BGBl I S. 341 — zuletzt geändert durch Gesetz v. 25. 8. 1976, (BGBl I 1976 S. 2221 — Neubekanntgabe BGBl I 1976 S. 2256).

[29] § 16 und § 17 preußisches Enteignungsgesetz vom 11. 6. 1874 (pr. GS S. 221), badisches EEG vom 26. 6. 1899 (GVBl S. 355).

[30] *Götz*, JUS 1970, S. 1.

[31] So etwa *Götz*, S. 1, *Dyong* in: Ernst / Zinkahn / Bielenberg, Bundesbaugesetz, Stand 1975, § 110 und § 111, Rdnr. 8 f. mwN; *Brügelmann* u. a., Bundesbaugesetz, Stand 1966, Anm. 1 b zu § 110. *Schütz / Frohberg*, Bundesbaugesetz, 1970 Anm. 3 zu § 110; nicht eindeutig *Heitzer / Oestreicher*, Bundesbaugesetz, 5. Auflage 1973, Anm. 3 zu § 110.

[32] So *Merk*, Deutsches Verwaltungsrecht, 1962, S. 908: Der Vertrag sei gerichtet auf Überlassung des Grundstücks und Zahlung des Kaufpreises.

d) Bergrechtliche Abmachungen

Nach § 135 f., 142 *preußisches allgemeines Berggesetz vom 24. 6. 1865*[33], das heute in den früheren preußischen Staaten noch Geltung hat, ist es dem bergbauberechtigten Bergwerkseigentümer bzw. dem sonst Nutzungsberechtigten des Grundstücks, auf welchem ein Bergwerk betrieben werden soll, gestattet, im Rahmen des Bergrechtlichen Zwangsabtretungsverfahrens eine gütliche Vereinbarung zu treffen. Gegenstand kann sowohl die Abtretung des bergrechtlichen Nutzungsrechts als auch die Übertragung des Eigentums zum Zwecke des Bergbaus sein. Im Falle der Abtretung des Nutzungsrechts erhält der Bergbauunternehmer das ausschließliche Nutzungsrecht an dem betroffenen Grundstück nach näherer vertraglicher Regelung unter Beachtung der Vorschriften der §§ 135 f. Sachlich handelt es sich bei diesem Vertrag um einen Parallelfall zu § 110 Bundesbaugesetz. Soweit die Abtretung des Nutzungsrechts in Frage steht, soll es sich nach neuerer Auffassung wegen der öffentlichrechtlichen Vorprägung um einen öffentlichrechtlich zu qualifizierenden Vertrag zwischen Privaten handeln[34]. Eine vertragliche Eigentumsübertragung innerhalb des Verfahrens soll indes wegen seiner Privatrechtstypik privatrechtlicher Natur sein[35]. Die traditionelle Auffassung sah sowohl in der gütlichen Abtretung des bergrechtlichen Nutzungsrechts als auch in der Eigentumsübertragung ein Privatrechtsgeschäft[36]; die Nutzungsabtretung wurde als Miet- oder Pachtvertrag konstruiert[37].

Gem. § 8 *preußisches Berggesetz*[38] kann sich der Schürfberechtigte mit dem Eigentümer bzw. dem sonst Nutzungsberechtigten eines Grundstücks über die Gestaltung der Schürfarbeiten gütlich einigen. Wird eine Vereinbarung nicht getroffen, so ·entscheidet die Bergbehörde, ob und unter welchen Bedingungen die Schürfarbeiten unternommen werden dürfen. Qualifikationsaussagen finden sich in der Wissenschaft, soweit ersichtlich, bislang nicht.

---

[33] GS S. 705; entsprechende Vorschriften finden sich in § 115 Absatz 2 badisches Berggesetz vom 17. 4. 1925 (GVBl S. 103); Artikel 191 bayerisches Berggesetz in der Fassung vom 10. 1. 1967 (GVBl S. 185); Artikel 133 württembergisches Berggesetz vom 7. 10. 1874 (Regierungsblatt S. 265).

[34] Vgl. *Dicke*, Zeitschrift für Bergrecht, 1970, S. 433 f.; offensichtlich für privatrechtliche Qualifikation, *Ebel / Weller*, Allgemeines Bergrecht, 2. Auflage 1963, Anm. 1 zu § 142.

[35] Derselbe, S. 439.

[36] *Gerecht,* Grundabtretung und Artikel 14 Grundgesetz, ZfB, Bd. 107, 267; weitere Nachweise bei *Dicke*, S. 437.

[37] RGZ, ZfB, Bd. 28, 398 f.

[38] Vgl. die parallelen Regelungen in § 10 badisches Berggesetz; Artikel 9 bayerisches Berggesetz; Artikel 8 württembergisches Berggesetz.

e) Die Vertragseinigung im Jagdrecht

Im Rahmen des § 5 *Bundesjagdgesetz in der Fassung* vom 30. 3. 1961[39] lassen verschiedene Landesjagdgesetze zu[40], daß private Eigenjagdbesitzer durch Vereinbarung ihre Reviere abrunden. Die Vereinbarung bedarf der Genehmigung der unteren Jagdbehörde und wird erst mit deren Erteilung wirksam. Kommt eine Vereinbarung nicht zustande, so kann die Jagdbehörde die Abrundung von Amts wegen vornehmen. Abrundungen sind nur zulässig, wenn und soweit sie aus Erfordernissen der Jagdpflege notwendig sind und eine bestimmte Mindestreviergröße garantiert ist. Der Vertrag wird allgemein öffentlichrechtlich definiert[41]. Ausschlaggebend sollen seine öffentlichrechtlichen Wirkungen sein.

Gleiches soll für den in Artikel 8 Absatz 2 *bayerisches Jagdgesetz* vorgesehenen Fall der Revieraufteilung[42] gelten.

f) Der Pakt kraft Polizeirechts

§ 20 Abs. 2 S. 2 *preuß. Polizeivollzugsgesetz* vom 1. 6. 1931[43] eröffnete der Privatperson die Möglichkeit vertraglicher Übernahme der öffentlichrechtlichen Verantwortlichkeit des Polizeipflichtigen für den polizeimäßigen Zustand einer Sache. Die Übernahme war der Polizeibehörde gegenüber zu erklären. Sie mußte die Übertragung anerkennen.

Parallelfälle finden sich in verschiedenen *Polizeigesetzen der Länder*[44]. Die Übernahme wird aufgrund der eingetretenen Rechtsfolgen als verwaltungsrechtlicher Vertrag angesehen[45].

---

[39] BGBl I S. 304.

[40] Vgl. weiter § 2 Jagdgesetz Baden-Württemberg idF vom 25. 7. 1969 (GBl S. 175); Artikel 4 Jagdgesetz Bayern idF vom 18. 7. 1962 (GVBl S. 133); § 5 Jagdgesetz Hamburg vom 21. 6. 1966 (GVBl S. 159, 197); Artikel 4 Jagdgesetz Niedersachsen vom 10. 6. 1963 (GVBl S. 289); § 4 Jagdgesetz Saarland vom 10. 2. 1969 (ABl S. 861).

[41] Vgl. die Übersicht bei *Pestalozza*, JZ 1975, 50 (52); *Erichsen / Martens*, Allgemeines Verwaltungsrecht 1975, § 25, IV, S. 208, FN 22; *Wolff / Bachof*, § 44 II b.

[42] *Simons*, Leistungsstörungen verwaltungsrechtlicher Schuldverhältnisse, 1967, S. 66, FN 10.

[43] GS S. 77.

[44] § 6 Abs. 2 PG Bremen vom 15. 7. 1960 (GBl S. 73); § 14 Abs. 2 SOG Hessen idF vom 26. 2. 1972 (GVBl I 24); § 7 Abs. 2 SOG Niedersachsen vom 21. 3. 1951 (GVBl S. 79); § 18 OBG Nordrhein-Westfalen idF vom 28. 10. 1969 (GVBl S. 732); § 24 Abs. 2 PVG Rheinland-Pfalz vom 29. 6. 1973 (GVBl S. 180); § 186 Abs. 2 Nr. 2 Landesverwaltungsgesetz Schleswig-Holstein idF vom 28. 10. 1970 (GVBl S. 296).

[45] Vgl. *Merk*, Deutsches Verwaltungsrecht 1962, S. 908; *Dicke*, ZfB 1970, S. 433 (438); allgemein *Drews / Wacke*, u. a. Gefahrenabwehr, 8. Auflage 1975, § 7, S. 175.

g) Vereinbarungen nach Abgabenrecht

In der *Reichsabgabenordnung vom 13. 12. 1919*[46] existieren zwei Vorschriften, die eine Rechts- und Pflichtennachfolge in öffentlichrechtliche Berechtigungen und Verpflichtungen der Zivilperson vorsehen. Nach § 159 des Gesetzes ist die Abtretung oder Verpfändung eines Erstattungs- oder Vergütungsanspruchs nur wirksam, wenn sie der Gläubiger der Finanzbehörde anzeigt, die über den Anspruch entschieden hat oder zu entscheiden hat. Offenbar einen privatrechtlichen Vertrag nehmen an *Kühn / Kutter*[47] und *Becker / Riewald / Koch*[48], dem öffentlichen Recht wird der Vertrag wegen seines Gegenstandes neuerdings von *Tipke/Kruse*[49] zugeordnet,

Die Vorschrift des § 120 Abgabenordnung setzt die Möglichkeit der vertraglichen Verpflichtung Dritter zur Zahlung einer öffentlichrechtlichen Steuerschuld einer Privatperson voraus: „Hat sich jemand durch Vertrag verpflichtet, eine Steuerschuld eines Dritten zu bezahlen oder dafür einzustehen, so ist der Anspruch nach den Vorschriften des BGB zu verfolgen". Ein derartiger Vertrag wird wegen der Verweisung auf die Vorschriften des BGB einhellig privatrechtlich determiniert; im übrigen wird eine Schuldübernahme nur kumulativ, nicht auch privativ anerkannt[50].

h) Die Vertragsgestattung aufgrund Beamtenrechts

Im Landes- und Bundesbeamtenrecht wird allgemein die Abtretung des öffentlichrechtlichen Gehaltsanspruchs von Beamten und anderen Amtswaltern zugelassen. So bestimmt § 84 *Bundesbeamtengesetz* in der Fassung vom 3. 1. 1977[51]: „Der Beamte kann, wenn gesetzlich nichts anderes bestimmt ist, Ansprüche auf Dienstbezüge nur insoweit abtreten oder verpfänden, als sie der Pfändung unterliegen. Parallelvorschriften finden sich in § 51 *Beamtenrechtsrahmengesetz*[52] und § 11 *Bundesbesoldungsgesetz*[53]. Der Abtretungsvertrag wird allgemein

---

[46] RGBl S. 1993, idF vom 22. 5. 1931 (RGBl I S. 163). Ab 1. 1. 1977 gelten die im wesentlichen entsprechenden Vorschriften der AO BGBl 1976 I S. 613, die §§ 46, 48 und § 192.

[47] Kommentar zur Abgabenordnung, 11. Auflage 1974, Anm. 1 zu § 159.

[48] Reichsabgabenordnung, I, 1963, Anm. 1 zu § 159.

[49] RAO, 7. Auflage 1975, Anm. 1 zu § 159.

[50] Vgl. *Tipke / Kruse*, 1973, Rdnr. 6 zu § 120 Abs. 2 AO; *Hübschmann / Hepp / Spitaler*, Kommentar zur AO, 1. bis 5. Auflage 1970, Anm. 5.

[51] BGBl I S. 1; die entsprechenden Vorschriften der Landesbeamtengesetze sind im wesentlichen gleichlautend.

[52] I.d.F. der Bekanntmachung v. 3. 1. 1977, (BGBl I S. 21).

[53] I.d.F. v. 23. 5. 1975, (BGBl I S. 1173); zuletzt geändert durch Gesetz vom 18. 8. 1976, (BGBl I S. 2197).

stillschweigend dem Zivilrecht zugewiesen[54]. Eine Ergänzung finden diese Vorschriften in § 411 BGB. Danach ist der Abtretende zur Abtretungsanzeige verpflichtet.

i) Übereinkünfte im Sozialrecht

Neben dem Beamtenrecht stellt sich im Recht der gewährenden Verwaltung allgemein die Frage der Forderungsübertragung und Verpfändung. Der Gesetzgeber hat der Lösung des Zulässigkeitsproblems in verschiedenen Gesetzen Rechnung getragen. Die Qualifikationsfragen hingegen blieben unentschieden.

Nach § 53 des *Sozialgesetzbuches*[55] können öffentlichrechtliche Sozialleistungsansprüche, nach § 119 *Reichsversicherungsordnung*[56] öffentlichrechtliche Ansprüche aus der Sozialversicherung nur in gewissen enumerativ aufgeführten Fällen mit rechtlicher Wirkung übertragen und verpfändet werden. Parallelregelungen enthalten die Vorschriften des § 14 *Bundesentschädigungsgesetz*[57] für die Entschädigung, § 67 *Bundesversorgungsgesetz* für die Kriegsopferrenten[58], § 244 *Lastenausgleichsgesetz*[59] für den Anspruch auf Hauptentschädigung, § 262 für die Kriegsschadenrente und § 294 für die Hausratsentschädigung. Die Wissenschaft sieht in den Abtretungs- und Pfandbestellungsverträgen ohne nähere Begründung privatrechtliche Abmachungen[60].

Verträge anderer Art sind in der Reichsversicherungsordnung auch sonst nach bestimmten Vorschriften vorgesehen: Gem. § 775 *Reichs-*

---

[54] Vgl. etwa für das Bundesbeamtengesetz: *Plog / Wiedow* u. a., Bundesbeamtengesetz, I, Stand 1972, Rdnr. 9 f. zu § 84; in den übrigen Kommentaren, einschließlich der Kommentare der Landesbeamtengesetze findet sich passim keine Andeutung, daß die Abtretung ein „öffentlichrechtlicher Vertrag" sein könnte. Es wird vielmehr ausschließlich zivilrechtlich argumentiert; auch die Rechtsprechung — vgl. etwa RGZ 146, 398 zum Inkassomandat — bezeichnet derartige Übereinkünfte nicht als öffentlichrechtlich.

[55] Vom 11. 11. 1975 (BGBl I S. 3015).

[56] Vom 19. 7. 1911 (RGBl S. 509) idF vom 15. 12. 1924 (RGBl I S. 779).

[57] Vom 29. 6. 1956 (BGBl I S. 559).

[58] Vom 1. 7. 1957 (BGBl I S. 661).

[59] Vom 14. 8. 1952 idF vom 7. 3. 1953 (BGBl I S. 51).

[60] So *Riemann*, DVBl 1962, S. 553 (554): „Es finden die Grundsätze des BGB Anwendung"; BSG DVBl 1962, 338 (339): „Bei gesetzlich (zulässigen) Ausnahmen ist es nur folgerichtig, daß die Vorschriften des BGB Anwendung finden"; *Aye / Göbelsmann* u. a., RVO, 1967, Anm. 1 zu § 119 RVO; nach *Schieckel / Gurgel*, BVG, 3. Auflage 1975, Anm. zu § 67 gelten die Vorschriften des BGB; *Harmening*, Komm. zum LAG, Stand 1975, Anm. 2 b zu § 244, sieht die Abtretung ausdrücklich als zivilrechtlichen Vertrag an; BVerwG WM 1968, 1205 und amtl. Sammlung Bd. 11, 296 (298) ist nicht eindeutig; *Brunn / Hebenstreit*, Bundesentschädigungsgesetz, 1965, Anm. 10 zu § 14: Die Genehmigung der Abtretung sei ein „privatrechts"-gestaltender Verwaltungsakt, unter unzutreffendem Hinweis auf BGH NJW 1956, 1918.

versicherungsordnung[61] (a. F. § 913) durfte der Unternehmer die öffentlichrechtlichen Pflichten, die ihm bezüglich der Einhaltung der Un-
fallverhütungsvorschriften obliegen, auf andere Personen durch
schriftliche Erklärung übertragen. Derartige Verträge sollen wegen
ihres Gegenstandes öffentlichrechtlicher, gegebenenfalls auch gemischt
öffentlichrechtlich-privatrechtlicher Natur sein[62].

Öffentlichrechtlich wurde der früher im Rahmen des § 193 *AVG*[63]
zwischen Arbeitgeber und Arbeitnehmer zur Abklärung des für den
Versicherungsnehmer zuständigen Versicherungszweigs geschlossene
Vertrag qualifiziert[64].

Ein Sonderfall findet sich schließlich in § 139 RVO: Hiernach ist es
Arbeitgebern untersagt, durch Vertrag die Anwendung der Vorschriften der Reichsversicherungsordnung ganz oder teilweise auszuschließen. Vertragsabstimmungen, die dem zuwiderlaufen sind nichtig. Verträge zu Gunsten des Versicherungsnehmers werden auf dieser Grundlage allgemein für zulässig gehalten. Ihre Rechtsnatur wird im Hinblick
auf die öffentlichrechtlich geprägte Regelungsmaterie teils als öffentlichrechtlich[65], teils aber auch als privatrechtlich angesehen. So ist
neuerdings *Merten*[66] der Auffassung, aus einer Vereinbarung des Ar-
beitgebers mit dem Arbeitnehmer, wonach letzterer alle öffentlichrechtlichen Beiträge und Steuern übernehme, könnten sich keine öffentlichrechtlichen Folgen ergeben, da der „privatrechtliche" Vertrag
das Außenverhältnis unberührt ließe. Nur in seltenen Fällen — bei
Zustimmung des öffentlichrechtlich Berechtigten — könne der privatrechtliche Vertrag zu einer privativen Schuldübernahme führen.

k) Einigungsmöglichkeiten nach Kommunalrecht

Gem. Artikel 68 der *bayerischen Gemeindeordnung* in der Fassung
vom 22. 8. 1972[67] können öffentliche Rechte einzelner auf Nutzungen
an Gemeindevermögen (Gemeindegliedervermögen) nicht neu begründet werden. Die Zerstückelung ist nur ausnahmsweise und nur aus
wichtigen Gründen zulässig. Sie bedarf der Zustimmung des Gemein-
derats. Auch hier soll schließlich ein Vertrag wegen seines Regelungsinhalts öffentlichrechtlich sein[68].

---

[61] Weggefallen gem. Artikel 252 Nr. 35 EG Strafgesetzbuch vom 2. 3. 1974
(BGBl I S. 469).
[62] *Wannagat*, NJW 1961, 1193 (1194), mit weiteren Nachweisen.
[63] RGBl 1924, 583.
[64] *Wannagat*, S. 1194.
[65] Derselbe; weitere Nachweise hierzu *Pestalozza*, JZ 1975, 50 (52).
[66] *Merten*, in: Festschrift für Karl Sieg, 1976, S. 383 insbesondere S. 400.
[67] GVBl S. 349, ber. S. 419.
[68] *Beinhardt*, Verwaltungsarchiv Bd. 55 (1964), S. 236 FN 259.

l) BGB-Regelungen

Abgesehen von § 411 BGB, wonach bei der Abtretung öffentlichrechtlicher Gehaltsansprüche die auszahlende Kasse durch Aushändigung einer Urkunde des bisherigen Gläubigers von der Abtretung zu benachrichtigen ist, findet sich nur eine Vorschrift im BGB, die eine Regelung eines Vertrags zwischen Privaten über öffentlichrechtliche Verpflichtungen oder Berechtigungen vorsieht:

Nach dem ab 1. 7. 1977 geltenden § 1587 i BGB[69] kann im Rahmen des schuldrechtlichen Versorgungsausgleichs der Ausgleichsberechtigte Abtretung der in den Ausgleich einbezogenen Versorgungsansprüche verlangen. Nach Abs. 2 steht ein Übertragungs- und Pfändungsverbot der Abtretbarkeit der Ansprüche nicht entgegen. Qualifikationsvorschläge des Abtretungsvertrags stehen zwar noch aus. Aufgrund der Normierung der Vertragszulässigkeit im BGB sowie des zum Einsatz gelangenden privatrechtstypischen Instituts der Abtretung dürfte indes die Übereinkunft durch die herrschende Auffassung ohne Rücksicht auf die Gegenstandstheorie bedenkenlos dem Privatrecht zugeordnet werden.

2. Nicht ausdrücklich normierte Verträge

a) Allgemeine Beurteilung

Die zweite Kategorie der wissenschaftlichen Erörterung bilden die gesetzlich nicht ausdrücklich normierten Verträge: Diskussionsgegenstände sind sowohl Verträge des Verfassungsrechts als auch des Verwaltungsrechts. Bei den Verträgen zwichen Privaten über öffentlichrechtliche Berechtigungen und Verpflichtungen, die ohne spezielle Ermächtigung eingegangen werden, verlagert sich das Schwergewicht der Auseinandersetzung von der *Qualifikationsfrage* mehr auf die *Rechtmäßigkeitsproblematik.* Kennzeichen der Diskussion ist überdies eine gewisse Verselbständigung des Qualifikationsproblems einerseits und des Rechtmäßigkeitsproblems andererseits. Die Zulässigkeitsfrage eines Vertrages wiederum konzentriert sich auf einen Teilaspekt. Es ist die Frage nach der Gestattung einer *Nachfolge* in öffentlichrechtliche Berechtigungen und Verpflichtungen des Bürgers durch Rechtsgeschäft. Relative Übereinstimmung besteht dabei insoweit, daß es für die Disposition über öffentliches Recht auf den Grad seiner Personengebundenheit ankomme[70]. Die traditionelle Auffassung sah öffentlichrechtliche Rechte und Pflichten grundsätzlich als höchstper-

---

[69] Eingeführt durch Art. 1 Z. 20 1. EheRG v. 14. 6. 1976 (BGBl I 1421).

[70] Vgl. zum Streitstand *Erichsen / Martens,* Allgemeines Verwaltungsrecht 1975, S. 126; *von Mutius,* Verwaltungsarchiv Bd. 62 (1971), S. 84/85.

sönlich und damit als indisponibel an; Ausnahmen sollten indes für vermögensrechtliche, Geldleistungsrechte beinhaltende Rechtsdispositionen gelten[71]. Zur Zeit befinden sich diese Auffassungen in einem gewissen Wandel und manchen einer kasuistisch differenzierten Betrachtungsweise Platz. Überwiegend wird dabei für die Übertragbarkeit auf die Vertretbarkeit eines öffentlichen Rechts abgestellt[72]. Soweit sich die Rechtsgeltungsfrage nicht spezifisch auf Rechts- und Pflichtennachfolge, also auf eine Änderung der personalen Rechtszuordnung, sondern ganz allgemein auf die Möglichkeit der Rechtsmodifikation bezieht, finden sich kaum Stimmen. Grundsätzlich wird allgemein nur darauf hingewiesen, daß öffentliches Recht nicht Objekt „privater Verträge sein könne[73], es sei denn, es solle nach dem Parteiwillen nur das „Innenverhältnis" geregelt werden. Was die Qualifikation als solche angeht, so deuten die gewählten Formulierungen an, daß solche gesetzlich nicht vorgesehenen Verträge privatrechtlich zu qualifizieren seien[74].

b) Einzelne Verträge

aa) Der Vertrag im Bereich des Verwaltungsrechts

In einem Fall, den das *preußische Oberverwaltungsgericht*[75] zu entscheiden hatte, verzichtete ein Nachbar auf den durch Polizeiverordnung[76] vorgesehenen Grenzabstand für Baumbestand. Der Vertrag wurde dem Zivilrecht zugeordnet. Eine öffentlichrechtliche Auswirkung, eine Bindung für die Polizeibehörde wurde abgelehnt, da der Grenzabstand im (öffentlichen) Interesse der Wohlfahrtspflege und damit zwingend festgesetzt sei[77].

Eine Vereinbarung unter Privaten zur Übernahme der polizeilichen Streupflicht soll allein keine öffentlichrechtliche Wirkung entfalten, sondern sei ein reiner Geschäftsführungsvertrag des Privatrechts, bei dem beiden Parteien die volle Privatautonomie zustehe[78].

---

[71] Dieselben, mit weiteren Nachweisen; *Knöpfle*, in: Festgabe für Maunz, 1971, S. 230; *Rimann*, DVBl 1962, 554.

[72] Vgl. *von Mutius*, S. 87.

[73] Vgl. schon *Papinianus*, Dig. 2, 14, 38: „publicum ius, quod privatorum pactis mutari non potest"; *Merk*, Deutsches Verwaltungsrecht, 1962, S. 908; *G. Jellinek*, System, S. 348; *Giacometti*, Allgemeine Lehren, 1962, § 21, S. 325; *Spanner*, Grenzen zwischen öffentlichem Recht und bürgerlichem Recht im Wegerecht, S. 7; *Otto*, Nachfolge, 1968, S. 59; *Laufkötter*, Vereinbarungen, S. 20.

[74] Vgl. etwa *Merk*, S. 907; *Bettermann*, Urteilsanmerkung, DVBl 1962, 486; BGH DVBl 1960, 561; *Jedlicka*, Der öffentlichrechtliche Vertrag, S. 104.

[75] OVGE Bd. 92, 181.

[76] Maßgebend waren die §§ 32 f. der nassauischen Feldfrevelverordnung vom 19. 2. 1863 (nassauisches Verordnungsblatt S. 103).

[77] So OVG, ebd.; *Laufkötter*, S. 21.

Der Vertrag, in welchem zwei Grundstücksnachbarn die dem einzelnen obliegenden baupolizeilichen Pflichten, etwa den Bauwich, regeln, wird ebenfalls dem Zivilrecht zugerechnet[78]; auch er wird freilich nur im Innenverhältnis für zulässig gehalten; nur insoweit stehe den Parteien die Privatautonomie[80] zu.

Weiter ist auf Urteile des *Verwaltungsgerichts Berlin-Zehlendorf* und des *Oberverwaltungsgerichts Berlin* zu verweisen. Danach ist es grundsätzlich untersagt, öffentlichrechtliche Verpflichtungen, die auf sicherheits- oder gesundheitspolizeilichen Vorschriften beruhen, durch vertragliche Abmachungen aus Gründen des öffentlichen Interesses auszuschließen oder zu beschränken[81].

In einer weiteren Entscheidung des *preußischen Oberverwaltungsgerichts* wurde die Übertragung einer öffentlichrechtlichen Kraftdroschkenerlaubnis unter Privaten als mit der gesetzlichen Ordnung nicht in Einklang stehender unzulässiger privatrechtlicher Vertrag angesehen. Das Gericht hielt die Abmachung aber als privatrechtlichen Vertrag „zur Abgabe eines gemeinsamen Antrags auf Neuerteilung" für den Erwerber aufrecht[82].

In § 32 der Verordnung über das Schornsteinfegerwesen vom 28. 7. 1937 (Reichsgesetzblatt I, 831) — heute § 20 Schornsteinfegergesetz vom 15. 9. 1969 (Bundesgesetzblatt I, 1634) ist bestimmt, daß ein Bezirksschornsteinfeger im Falle seiner Verhinderung einen Vertreter zu beauftragen habe. Eine bestimmte Bestellungsform ist nicht vorgeschrieben. Schließt der Bezirksschornsteinfeger einen Vertrag, in welchem die Vertretung geregelt wird, so soll er dem Privatrecht zuzuordnen sein[83]. Es wird dabei hervorgehoben, daß eine „amtliche Tätigkeit" den Abschluß eines privatrechtlichen Vertrags nicht ausschließe.

Im Abgabenrecht werden sogenannte Umverteilungsverträge öffentlicher Lasten diskutiert. Grundsätzlich werden solche Verträge, obwohl sie öffentlichrechtliche Verpflichtungen zum Gegenstand hätten, privatrechtlich qualifiziert[84]. Eine — öffentlichrechtliche — Wirkung

---

[78] *Kuhn*, Kommentar zum Landesverwaltungsgesetz Schleswig-Holstein, 1970, S. 220.

[79] *Merk*, S. 908; *Kuhn*, S. 220 Anm. 6.

[80] *Kuhn*, ebd.

[81] Zu sicherheitspolizeilichen Pflichten VG Berlin, Verwaltungsrechtsprechung Bd. 3, (1951), S. 219 (223 f.); zu gesundheitspolizeilichen Pflichten, OVG Berlin, DVBl 1952, 758, allerdings ohne nähere Begründung.

[82] OVGE 91, 224.

[83] Vgl. *Reuß*, DVBl 1962, 471 f. (472, 475).

[84] *Laufkötter*, S. 20; *Jedlicka*, S. 104; *Bettermann*, Urteilsanmerkung, DVBl 1962, 486.

zu Gunsten oder zu Lasten des hoheitlichen Abgabengläubigers sei
— ohne Gesetzesgrundlage — nicht möglich.

Der *Verwaltungsgerichtshof Mannheim* schließlich hatte einen Fall
zu entscheiden, in welchem es um Schulrecht ging: Der Leiter eines
privaten Gymnasiums (private Ersatzschule gem. § 4 Abs. 2 Privat-
schulgesetz Baden-Württemberg idF vom 14. 5. 1968[85] schloß verschiedene Schüler vom Unterricht aus. Für das Verfahren um Gewährung
einstweiligen Rechtsschutzes hielt der Verwaltungsgerichtshof den
Zivilrechtsweg für gegeben, da Beschulungsverträge ausschließlich
zwischen Personen des Privatrechts eingegangen würden und es daher
schon im Ansatz an einem von der öffentlichen Gewalt ausgehenden
Über- und Unterordnungsverhältnis fehle; dies gelte jedenfalls dann,
wenn die Schüler der Schulpflicht entwachsen seien[86].

bb) Der Vertrag im Bereich des Verfassungsrechts

Der Gesetzgeber hat zur Zeit in der Verfassung keinen Fall vorgesehen, in welchem er Privaten ausdrücklich die Rechtsmacht verliehen hätte, verfassungsrechtliche Berechtigungen oder Verpflichtungen
einer vertraglichen Regelung zuzuführen. Wegen der Gewichtigkeit
dieser Rechte für das Staatsganze ist diese Enthaltsamkeit auch ver-
ständlich. Dennoch wird gewissen Privatrechtssubjekten, die unmittelbar in die verfassungsrechtliche Gestaltung einbezogen sind, gemeinhin
das Recht zuerkannt, vertragliche Abmachungen einzugehen. Es sind die
politischen Parteien in ihrer jeweiligen verfassungsrechtlichen Erschei-
nungsform im Rahmen ihrer durch Artikel 21 *Grundgesetz* veran-
kerten legitimen Aufgaben zur Mitwirkung bei der politischen Willensbildung des Volkes. Ihnen wird seit jeher zugestanden, sogenannte *Koalitionsverträge* einzugehen[87]. Es handelt sich dabei um Vereinbarungen der gemeinsam eine Regierung bildenden Parteien mit ver-
fassungsrechtlichem Inhalt. Es mag etwa unter den Regierungs-
parteien ein gemeinsames Aktionsprogramm ausgehandelt werden,
es kann der jeweilige politische Machtbereich abgegrenzt werden[88].
Teils wird der Koalitionsvertrag als privatrechtlicher Vertrag mit
genossenschaftlicher Sonderqualität[89] teils als verfassungsrechtlicher
Vertrag[90] angesehen. Die Unsicherheit bei der Beurteilung dieser Ver-

---

[85] GBl S. 223.

[86] DÖV 1971, 708; vgl. dazu auch BVerwG BVerwGE 17, 41 (43); BGH
DÖV 1961, 787.

[87] Zugelassen werden auch Verträge zwischen Koalition und Opposition,
vgl. *Maunz / Dürig / Herzog*, Rdnr. 23 zu Artikel 65 und Rdnr. 98 zu Artikel 21
Grundgesetz.

[88] Dieselben, Rdnr. 98 zu Artikel 21 Grundgesetz.

[89] *Liermann*, AöR Bd. 50, 401 f.

[90] *Maunz / Dürig / Herzog*, Rdnr. 18 zu Artikel 65.

träge kommt besonders deutlich im sogenannten „Tonbandstreit" zwischen dem damaligen Bundeskanzler Dr. Adenauer und dem Bundesjustizminister Dr. Dehler zum Ausdruck: Der Bundeskanzler verweigerte entgegen einem ursprünglichen Versprechen die Herausgabe des Tonbandprotokolls eines Regierungskoalitionsgesprächs. Der *Bundesjustizminister* sah die Vereinbarung als privatrechtlichen Vertrag an, der BGH[91] hielt sie für eine solche des Verwaltungsrechts. *Ule*[92] und *von Münch*[93] sind schließlich der Auffassung, es liege ein verfassungsrechtlicher Vertrag vor.

Ein weiterer Fall von politischer Brisanz schließlich war Gegenstand eines Landgerichtsurteils: Die vertragliche Verpflichtung eines Abgeordneten seiner Partei gegenüber, im Falle seines Parteiaustritts *sein Mandat niederzulegen* oder eine Vertragsstrafe zu zahlen, wurde vom *Landgericht Braunschweig* ohne nähere Begründung privatrechtlich qualifiziert[94]. *Peter* sieht hingegen in der Verpflichtungserklärung einen öffentlichrechtlichen Vertrag, da er die Regelung der verfassungsrechtlichen Stellung eines Abgeordneten bezwecke[95].

II. Der rechtstheoretische Hintergrund

Die dogmatische Plattform, von der die Wissenschaft den Vertrag seit jeher angeht, ist der Streit um die *Möglichkeit öffentlichrechtlicher Verträge zwischen Privatpersonen*, der bis heute trotz mannigfaltiger Versuche nicht geschlichtet werden konnte. Während die Rechtsprechung kaum eigenständige Lösungsmodelle entwickelt, finden sich in der Lehre mehrere dogmatische Ansätze:

1. Die Lehre

a) Grundsätzliche Ablehnung des öffentlichrechtlichen Vertrages zwischen Privatpersonen

Einer der ersten Autoren der neueren Verwaltungsrechtswissenschaft — *Otto Mayer* — hat die Frage des öffentlichrechtlichen Vertrages zwischen Privaten, soweit ersichtlich, zum ersten Male — zumindest indirekt — aufgeworfen. Ausgehend von seiner Ablehnung des öffentlichrechtlichen Vertrages zwischen Verwaltung und Bürger

---

[91] BGHZ 29, 187 f., 190 f.

[92] JZ 1959, 501.

[93] In: Erichsen / Martens, 1975, S. 16/17; vgl. auch *Pestalozza*, JZ 1975, 50 (55).

[94] DVBl 1970, 591.

[95] JZ 1968, 783 (784); vgl. hierzu auch *Pestalozza*, JZ 1975, 50 (55).

gibt es für ihn erst recht keine öffentlichrechtlichen Verträge zwischen Privatpersonen[96]. Zwischen Gleichen unterhalb der Staatsgewalt entsteht das zivilrechtliche Rechtsgeschäft[97].

Mit dieser grundsätzlichen Ablehnung des öffentlichrechtlichen Vertrages steht er lange Zeit allein. Die Wissenschaft ist ihm nicht gefolgt. Erst in neuerer Zeit lehnen *von Turegg/Kraus*[98] den öffentlichrechtlich Vertrag zwischen Privaten gleichfalls ab. Ihrer Auffassung nähern sich *Giacometti*[99] und *Ule*[100], wobei jener die Konstruktion des öffentlichrechtlichen Vertrages zwischen Privaten für „begrifflich sehr problematisch" hält[101].

b) Positive Stimmen

aa) Das Erfordernis öffentlichrechtlicher Rechtsträgerschaft der Vertragsparteien

In der Zeit nach Otto Mayer setzt eine Wende zu Gunsten des öffentlichrechtlichen Vertrages zwischen Privaten ein, die parallel mit dem Vordringen des subordinationsrechtlich öffentlichrechtlichen Vertrages zwischen Verwaltung und Bürger verläuft. *Kormann*[102] leitet bereits im Jahre 1910 eine Entwicklung ein, deren Ausgangsthese in der Lehre bis heute immer wieder Befürworter gefunden hat. Er löst den in die Handlungsform des Vertrags hineingetragenen dualistischen Widerstreit zwischen öffentlichem Recht und Privatrecht, indem er entscheidend auf die Rechtsqualität der am Vertrag beteiligten Personen abhebt. Er ist der Auffassung, für den öffentlichrechtlichen Vertrag sei unwesentlich, ob der Staat als Vertragspartner auftrete; es gebe auch öffentlichrechtliche Verträge zwischen Privatpersonen; wesentlich sei, daß die beteiligten Personen „als Träger öffentlichrechtlicher Berechtigungen oder Verpflichtungen" paktierten[103]. Als Zulässigkeitsregulativ fordert er „besondere Anerkennung", da grundsätzlich niemals öffentliches Recht Objekt privater Verträge sein könne. Die These, daß zur Privatrechtssubjektivität der privaten Vertragspartner noch eine publizistische Komponente treten müsse, um einem Vertrag das Attribut öffentlichrechtlich verleihen zu können,

---

[96] *Otto Mayer*, AöR Bd. 3 (1888), 1 (60).

[97] Derselbe, FN 87.

[98] *Turegg / Kraus*, S. 110 FN 1, allerdings ohne nähere Begründung; ebenso wohl *Huber*, Wirtschaftsverwaltungsrecht Bd. I, S. 57.

[99] *Giacometti*, S. 452; er hält indes positivrechtliche Ausnahmen für möglich.

[100] *Ule*, Verwaltungsgerichtsbarkeit, 2. Auflage 1960, S. 90.

[101] *Giacometti*, S. 452.

[102] *Kormann*, System, S. 18 und S. 30.

[103] Derselbe, S. 30.

setzt sich zunächst bei *Seidel*[104] fort; auch er fordert „Trägerschaft
öffentlichrechtlicher Berechtigungen oder Verpflichtungen", ohne aber
diesen Begriff näher zu präzisieren. Auch diese Auffassung wird in
weiterentwickelter Form, allerdings ohne subjektiven Bezug zur früheren Lehre, auch heute noch vertreten. *Menger*[105] verlangt als notwendige Bedingung eine ganz besondere Form der Rechtsträgerschaft.
Er ist der Auffassung, daß zumindest eine Partei Hoheitsträger sein
müsse[106]; ein Vertrag, an dem lediglich Nicht-Hoheitsträger beteiligt
seien, könne niemals öffentlichrechtlicher Natur sein; zwar komme es
grundsätzlich auf den Vertragsgegenstand für die Qualität eines Vertrags an, indes müsse zumindest eine Vertragspartei die generelle
Möglichkeit haben, über öffentliches Recht zu disponieren. Ein Vertrag, durch welchen eine Partei öffentlichrechtliche Pflichten der anderen mit der Maßgabe übernehme, daß die andere davon freigestellt
sei, könne nur privatrechtlich sein. Dabei komme es für die Einordnung jedoch nur auf die prinzipielle Dispositionsbefugnis über öffentliches Recht an; ein Vertrag, für welchen nur die tatsächliche Verfü-
gungsmacht einer Partei fehle, beseitige dessen öffentlichrechtlichen
Charakter nicht; er sei aber regelmäßig rechtswidrig[107]. Intensiviert
wird diese Auffassung von *Kuhn*, einem Kommentator des schleswig-
holsteinischen Landesverwaltungsgesetzes. Nach seiner Ansicht müssen sogar beide vertragsbeteiligten Privatpersonen Hoheitsträger
sein[108]. Kuhn ist es, der erstmalig die Figur des „Beliehenen" mit in
die Abgrenzung einführt. Demgemäß hält er einen öffentlichrechtlichen Vertrag nur dann für möglich, wenn zwei Beliehene über den
Gegenstand der Beleihung einen Vertrag schließen[109].

bb) Öffentlichrechtliche Verträge zwischen Privatpersonen bei öffentlichrechtlich geprägtem Gegenstand

Die von Kormann vertretene Ausgangsthese, die als notwendige
Bedingung eines öffentlichrechtlichen Vertrages zwischen Privaten
eine — wie auch immer geartete — öffentlichrechtliche Rechtsträgerschaft der beteiligten privaten Vertragspartner verlangt, wird bereits im Jahre 1920 durch *W. Apelt*[110] teils ergänzt, teils durch eine
neue Theorie erweitert, so daß die Entwicklung des Streitstandes —
mit Überschneidungen — einen doppelgleisigen Verlauf annahm.

---

[104] *Seidel*, Zur Lehre, S. 26.
[105] *Menger*, Verwaltungsarchiv Bd. 52, (1961), S. 100 FN 27 und S. 101.
[106] Derselbe, S. 101.
[107] *Menger*, ebd.
[108] *Kuhn*, Kommentar, S. 220, Anm. 6.
[109] Derselbe, ebd.
[110] *Apelt*, Der verwaltungsrechtliche Vertrag, 1920, S. 53, 122, 123.

Apelt führt, wenn auch nicht ausdrücklich, so die Sache nach den Vertragsgegenstand als entscheidendes Zuordnungskriterium in die wissenschaftliche Diskussion ein. Sein Ausgangspunkt ist die Interessentheorie. Ein Vertrag zwischen Privaten gehöre dem öffentlichen Recht an, wenn er nicht nur einen Ausgleich zwischen den abgesonderten Interessenkreisen zweier oder mehrerer Kontrahenten schaffe, sondern, wenn das Rechtsverhältnis einen Tatbestand regle, an dem das Allgemeinwohl und das öffentliche Interesse unmittelbar beteiligt seien; denn ein solches Hinauswirken über den privaten Interessenkreis kennzeichne den öffentlichrechtlichen Vertrag; erforderlich sei jedoch ein die beteiligten Privatpersonen ermächtigender Rechtssatz, welcher der individuellen Willensbestimmung Raum lasse. Der Gedanke des Vertragsgegenstandes als Zuordnungskriterium wird von *Jedlicka* aufgegriffen[111]. Er hält einen Vertrag zwischen Privaten dann für öffentlichrechtlich, wenn er einen „Gegenstand öffentlicher Verwaltung" ordne. Grundsätzlich folge allerdings aus der Natur der öffentlichen Rechtsverhältnisse, welche ihre Regelung im Interesse der Allgemeinheit fänden und von zu großem Gewicht seien, um der willkürlichen Ausgestaltung durch Private preisgegeben zu werden, daß solche Verträge nur aufgrund ausdrücklicher gesetzlicher Grundlage möglich seien[112]. Schweige das Gesetz, so spreche eine Vermutung für den zwingenden Charakter des zu regelnden Gegenstandes öffentlicher Verwaltung[113]. Weiter rezipiert wird die Gegenstandslehre in den größeren Abhandlungen der Nachkriegszeit zum öffentlichrechtlichen Vertrag. *Stern*[114] kommt von dieser Basis zur grundsätzlichen Möglichkeit öffentlichrechtlicher Verträge zwischen Privaten. Ähnlich verfahren auch *Imboden*[115], *Salzwedel*[116] und *Bullinger*[117]. Die *Einzelbegründung* des Entwurfs eines Verwaltungsverfahrensgesetzes von 1973, der die Grundlage des jetzigen Verwaltungsverfahrensgesetzes des Bundes bildet, kommt — bei gesetzlicher Zulassung — in Anlehnung an die Gegenstandslehre ebenfalls zur Möglichkeit öffentlichrechtlicher Verträge zwischen Privatpersonen[118]. Ein Vertragsge-

---

[111] *Jedlicka*, Der öffentlichrechtliche Vertrag, S. 101.
[112] Derselbe, S. 105.
[113] Derselbe, ebd.
[114] *Stern*, Verwaltungsarchiv Bd. 49 (1958), 106 (148, 155).
[115] *Imboden*, Der verwaltungsrechtliche Vertrag, 1958, S. 44; ein Vertrag hat seiner Auffassung nach dann öffentlichrechtlichen Charakter, wenn sich seine Rechtswirkungen und seine Entstehung nach öffentlichem Recht bestimmen, vgl. S. 40.
[116] *Salzwedel*, Die Grenzen der Zulässigkeit des öffentlichrechtlichen Vertrages, S. 40; er fordert allgemein einen hoheitsbezogenen Gegenstand, vgl. S. 90, 97 f., 102.
[117] *Bullinger*, Vertrag und Verwaltungsakt, S. 44 und S. 76 FN 362.
[118] Entwurf eines Verwaltungsverfahrensgesetzes 1973, Einzelbegründung, S. 78 f.

genstand und mithin ein Vertrag seien öffentlichrechtlich, wenn die durch den Vertrag beabsichtigten oder begründeten Rechtswirkungen öffentlichrechtlich seien[119]. *H. J. Wolff* erkennt gleichfalls öffentliche Verträge zwischen Privaten an, wenn die Rechtsordnung diese bei öffentlichrechtlichem Gegenstand vorsehe. Öffentlichrechtlich sei ein Gegenstand zu qualifizieren, wenn die vertragliche Regelung als Rechtsnorm gedacht, eine solche des öffentlichen Rechts sei (hypothetische Normstrukturgleichheit)[120]. Neben diesen Stellungnahmen stehen noch weitere positive Ansichten, im allgemeinen ohne nähere Begründung[121].

cc) Neuansatz

Ein Neuansatz findet sich bei *Pestalozza*. Er vertritt die Auffassung, daß eine „Rechtsnatur" einer Handlung, eines Sachverhalts nicht existiere, folglich auch keine öffentlichrechtlichen oder privatrechtlichen Verträge[122]. Die Termini „öffentlichrechtlich, privatrechtlich" könnten nur als Kurzformen für den Tatbestand stehen, daß ein Vertrag überwiegend nach öffentlichem Recht oder nach Privatrecht zu beurteilen sei. Von dieser Ausgangsbasis begreift er das Qualifikationsproblem[123]. Ausgehend von der Gegenstandstheorie, die er als Theorie des Sachzusammenhanges erklärt, ist ein Vertrag — auch zwischen Privaten — öffentlichrechtlich zu qualifizieren, der sich ganz oder zum Teil nach Normen des öffentlichen Rechts beurteilt. Wann dies der Fall ist, entscheidet der Sachzusammenhang des Vertrages. Ein Sachzusammenhang zu öffentlichem Recht besteht entweder in einem Verantwortungszusammenhang; er knüpft an den Staat als Rechtsträger an; zweitens in einem Sachgebietszusammenhang mit öffentlichem Recht, wobei Anknüpfungspunkt der Staat als objektive Rechtsordnung ist[124]. Diese These läßt Raum für weitere Differenzierungen. So kann ein Vertrag teils nach öffentlichem Recht, teils nach Privatrecht beurteilt werden, soweit nur der jeweils entsprechende Sachzusammenhang zur einer der Teilrechtsordnungen hergestellt ist.

---

[119] So auch *Erichsen / Martens*, S. 205 f.

[120] § 44 II a, b; so auch *Bettermann*, JZ 1966, 445; *Menger*, Verwaltungsarchiv 1973, 203 f.

[121] Vgl. z. B. *Peters*, Lehrbuch der Verwaltung, 1949, S. 154; *W. Jellinek*, Verwaltungsrecht, 1948, S. 253, *Merk*, S. 906; *Eyermann / Fröhler*, Verwaltungsgerichtsgesetz, 2. Auflage 1954, S. 77; dieselben, Verwaltungsgerichtsordnung, 6. Auflage 1974, Rdnr. 9 b zu § 40; *Eckert*, Leistungsstörungen, DVBl 1962, 11 (12); *Bächle*, DVBl 1962, 90 (91); *Barocka*, Verwaltungsarchiv Bd. 51, 1 (9); *Bisek*, S. 9; *Otto*, Nachfolge, S. 5; *Beinhardt*, Verwaltungsarchiv Bd. 55, 210 (236); *Lerche*, in: „Staatsbürger und Staatsgewalt", II, 1963, S. 59 (70); *Kottke*, System, 1966, S. 5; *Forsthoff*, 10. Auflage 1973, S. 280 f.; im übrigen vgl. die Übersicht bei *Pestalozza*, JZ 1975, 50 f. FN.

[122] *Pestalozza*, Formenmißbrauch, 1973, S. 181.

[123] Derselbe, JZ 1975, S. 50 f.

[124] *Pestalozza*, ebd., insbesondere S. 54, 55.

2. Die Rechtsprechung

a) Das frühere *preußische Oberverwaltungsgericht* wandte den Terminus „öffentlichrechtlicher Vertrag" bei ausschließlich privater Beteiligung nicht an. Es unterschied zwischen privatrechtlichen Verträgen und Verträgen mit öffentlichrechtlicher Wirkung[125]. Die Qualifikation blieb dadurch unklar, daß in einigen Entscheidungen auch „privatrechtliche Verträge" mit öffentlichrechtlichen Wirkungen anerkannt wurden[126]. Der gegenständlichen Bezugnahme eines Vertrages zwischen Privaten auf öffentlichrechtlich geregelte Sachverhalte wurde im übrigen nur dann Relevanz beigemessen, wenn eine konkrete normative Ermächtigung zum Vertragsabschluß vorhanden war[127].

b) Das *Reichsgericht* erachtete öffentlichrechtliche Verträge zwischen Privaten für möglich. In der Entscheidung zu § 6 preußisches Kleinbahngesetz[128] folgerte das Reichsgericht die öffentlichrechtliche Zuordnung aus der Tatsache, daß der Zustimmungsvertrag dem öffentlichen Verkehr diene, dieser öffentlichrechtliche Bedeutung besäße, sowie durch öffentlichrechtliche Unterhaltungsvorschriften gesichert werde[129].

c) Der *Bundesgerichtshof* geht von der prinzipiellen Möglichkeit öffentlichrechtlicher Verträge zwischen Privatpersonen aus[130]. In einigen Entscheidungen wird dargelegt, daß es in bezug auf die Vertragseinordnung nicht auf die Parteien eines Vertrages, sondern auf den Regelungsgegenstand ankomme. Öffentlichrechtlich sei ein Regelungsgegenstand, der sich auf von der Rechtsordnung öffentlichrechtlich geregelte Sachverhalte beziehe[131]. Zugleich räumt der BGH aber ein, daß mit dieser Abgrenzungsmethode nicht alle Fälle erfaßt werden könnten. Einem Vertrag solle — trotz des öffentlichrechtlichen Gegenstandes — dann privatrechtlicher Charakter zukommen, wenn an dem öffentlichrechtlichen Vertragsgegenstand im „Außenverhältnis" nichts geändert werden solle[132].

---

[125] Vgl. etwa preußisches OVG, OVGE 79, 225 (227).

[126] Vgl. etwa OVGE 33, 107; 53, 119; zur Interpretation OVG Münster DÖV 1957, 374 (375).

[127] Preußisches OVG, OVGE 91, 224; 92, 183.

[128] RGZ 92, 310 (311), unter weiterem Hinweis auf RGZ 68, 373; an der Vertragsregelung war im konkreten Fall zwar eine Stadtgemeinde beteiligt; die Ausführungen des Reichsgerichts verstehen sich indes auch für solche Zustimmungsverträge, an denen ausschließlich nichtstaatliche Privatrechtssubjekte beteiligt sind.

[129] RG, S. 311 f.; Fortführung dieser Rechtsprechung durch RGZ 93, 78 (79).

[130] Darüberhinaus erkennt der Bundesgerichtshof auch öffentlichrechtliche Rechtsverhältnisse nichtvertraglicher Natur zwischen Privaten an, vgl. BGHZ 35, 175 (177).

[131] BGHZ 32, 214 f.; zuletzt BGHZ 56, 365, 368.

[132] BGHZ 32, 214 f.

d) Das *Bundesverwaltungsgericht,* von dem eine konkrete Stellungnahme aussteht, ist von seinem Ausgangspunkt, der Gegenstandslehre[133] genötigt, öffentlichrechtliche Verträge zwischen Privaten ebenfalls anzuerkennen. Dennoch hebt es in einer Entscheidung auf die rechtliche Qualität der am Vertrag beteiligten Personen ab und führt bei privater Vertragsbeteiligung ohne allerdings allgemeingültige Folgerungen zu ziehen, wie Kuhn[134] den Begriff der Beleihung in die Abgrenzungsfrage[135] ein.

e) Die Auffassung der *Oberverwaltungsgerichte* ist nicht einheitlich. Gewisse Zweifel an der Möglichkeit öffentlichrechtlicher Verträge zwischen Privatpersonen äußert der *Bayerische Verwaltungsgerichtshof*[136]. Das *OVG Münster* fordert als Voraussetzung öffentlichrechtlicher Verträge einen öffentlichrechtlich geprägten Gegenstand, zusätzlich, daß eine Partei eine Person des öffentlichen Rechts sein müsse[137]. *Wannagat*[138] zieht daraus die Schlußfolgerung, daß das Oberverwaltungsgericht öffentlichrechtliche Verträge zwischen Privatpersonen nicht anerkenne. Entsprechende Folgerungen wären für die Auffassung des *Verwaltungsgerichtshofs Mannheim* aus seiner Argumentation im bereits zitierten Privatschulfall zu ziehen, in welchem ein Verhältnis der Über- und Unterordnung zwischen den Vertragsparteien verlangt wird[139]. Ausgehend von der Gegenstandslehre fällte eine ausdrückliche positive Entscheidung schließlich das *Oberverwaltungsgericht Lüneburg*[140]. Nach seiner Auffassung können Privatpersonen einen öffentlichrechtlichen Vertrag allerdings nur schließen, wenn ihnen nach der Rechtsordnung die Befugnis zustehe, einen dem öffentlichen Recht unterliegenden Gegenstand mit öffentlichrechtlicher Wirkung zu regeln.

III. Resümee

Die Auffassungen in Lehre und Rechtsprechung zum Vertrag zwischen Privatpersonen zur Regelung öffentlichrechtlicher Berechtigungen und Verpflichtungen führen zu folgender Bilanz:

---

[133] Vgl. zuletzt etwa Bundesverwaltungsgericht BVerwGE 42, 331 = DVBl 1973, 800; BVerwG NJW 1976, 2360.

[134] *Kuhn,* Komm., S. 220, Anm. 6.

[135] Bundesverwaltungsgericht DÖV 1971, 312; vgl. dazu die Urteilsanmerkung von *Heinze,* S. 313.

[136] Bayerische Verwaltungsblätter 1970, 221 (222).

[137] OVG Münster, DÖV 1957, 374 (375).

[138] NJW 1961, 1191 (1194), FN 31.

[139] DÖV 1971, 708.

[140] DVBl 1972, 154 (155).

Zu unterscheiden sind Verträge, deren Möglichkeit gesetzlich ausdrücklich vorgesehen ist, und Verträge, die von den privaten Vertragspartnern ohne speziellen Legitimationsgrund eingegangen werden. Ein Vertrag kann öffentlichrechtliche Berechtigungen und Verpflichtungen des Verwaltungsrechts oder des unmittelbar verfassungsrechtlichen Bereichs zum Regelungsinhalt haben. Beim gesetzlich normierten Vertrag sind zusätzlich häufig staatliche Zustimmungserfordernisse vorgesehen.

Der gesetzlich vorgesehene Vertrag wird — mit Ausnahme der Verträge mit öffentlichrechtlich geprägten Vermögens- insbesondere Zahlungsansprüchen als Regelungsinhalt — überwiegend dem öffentlichen Recht zugeordnet. Der gesetzlich nicht ausdrücklich normierte Vertrag wird fast ausnahmslos dem Privatrecht zugewiesen.

Die rechtstheoretische Plattform ist der Streit um Möglichkeit und Zulässigkeit des „öffentlichrechtlichen Vertrages zwischen Privatpersonen". Die Auffassungen in Lehre und Rechtsprechung zerfallen in 2 Gruppen. Von der einen wird die Möglichkeit öffentlichrechtlicher Verträge zwischen Privaten prinzipiell negiert; die zweite sieht sie prinzipiell als möglich an, postuliert indes weitere Kautelen. Eine Ansicht fordert einen „öffentlichrechtlichen Vertragsgegenstand", wobei in aller Regel noch zusätzlich gefordert wird, die Rechtsordnung müsse solche Verträge ausdrücklich vorsehen. Die zweite Auffassung verlangt „Trägerschaft öffentlichrechtlicher Berechtigungen oder Verpflichtungen" der Vertragsparteien. Das letztere Erfordernis wird in diesem Zusammenhang in der Weise präzisiert, daß entweder eine oder beide Vertragsparteien „Hoheitsträger" sein müßten[141]. Der Neuansatz von Pestalozza nähert sich der Gegenstandstheorie, ohne allerdings deren doppeltem Klassifikationszwang zu unterliegen.

---

[141] Sollte die „Begründung des Entwurfs einer Verwaltungsrechtsordnung für Württemberg", 1931, S. 180 so zu verstehen sein, daß die allgemeine Rechtsfähigkeit der Privatperson schon für sich allein die Abschlußkompetenz öffentlichrechtlicher Verträge enthalte, so wäre dies eine weitere Möglichkeit.

3. Kapitel

Die Rechtsnatur der Verträge

I. Die begriffliche Ausgangsbasis

Wird einer Handlungsform, einem Vertrag das Attribut öffentlich-rechtlich oder privatrechtlich verliehen, so versucht die Rechtswissenschaft mit dieser Umschreibung regelmäßig einen gewissen Zusammenhang, einen Bezug dieser Handlungsform zu einem der genannten Rechtskreise zu bezeichnen. Handlungen, Sachverhalte werden rechtlich „beurteilt, zugeordnet oder zugerechnet". Das Ergebnis dieses Prozesses ist die Findung der Rechtsnatur des zur Beurteilung anstehenden Akts[1]. Der öffentlichrechtliche Vertrag ist der Vertrag mit öffentlichem Recht als Bezugspunkt. Es ist — in der Terminologie des § 54 des Verwaltungsverfahrensgesetzes des Bundes — der Vertrag „auf dem Gebiete des öffentlichen Rechts". Das privatrechtliche Rechtsgeschäft steht in Beziehung zum Privatrechtsbereich. Der gemischtrechtliche Vertrag weist eine Beziehung zu mehreren Rechtsbereichen auf. Diese — sehr allgemein gehaltene — Aussage läßt sich relativ widerspruchslos treffen.

II. Definitionsmaßstäbe

Der wissenschaftliche Disput setzt erst bei der normativ nicht entschiedene Frage ein, ob und gegebenenfalls wie die genannte Beziehung im einzelnen zu konkretisieren sei. Die Rechtswissenschaft läßt nämlich — und an dieser Stelle setzen die echten Meinungsverschiedenheiten ein — für die Qualifikation einer Handlung, eines Vertrages, wie ersichtlich, gemeinhin nicht schon „irgendeine oder jede" Art der Zuordnung in diesem Sinne genügen, sondern sie schränkt die Definition ein. Nur ein Vertrag dem diese oder jene Beziehung zu öffentlichem Recht eigen ist, soll „öffentlichrechtlich" benannt werden. Ein Vertrag ist etwa dann und in der Regel immer dann öffent-

---

[1] Dem Sachverhalt, der Handlung, dem Vertrag als solchem kann wegen seiner Faktizität keine „Rechtsnatur" zukommen; vgl. dazu *Pestalozza*, „Formenmißbrauch", 1973, S. 177/178.

lichrechtlicher Natur, wenn er einen „öffentlichrechtlichen Gegenstand" regelt, so etwa die Gegenstandslehre.

Bestimmend für eine solche Begriffseingrenzung, auf welche Einordnungskriterien auch immer sie abstellt, sind gewisse formelle Definitionsmaßstäbe, die die Wissenschaftstheorie aufgezeigt hat[2]. An erster Stelle gilt der *Grundsatz der inneren Widerspruchslosigkeit*. Die definitiv erfaßten Sachstrukturen haben sich durch Gleichförmigkeit auszuzeichnen. Nur gleichartige Sachverhalte sind gleich zu definieren. Antinomien sind unzulässig. An zweiter Stelle gilt das *Prinzip der Lückenlosigkeit*. Alle gleichförmigen Gegenstände sind durchgängig zu erfassen. Jeder Vertrag, der wesentlich gleichartig ist, ist gleichartig zu benennen. Unter Beachtung dieser formalen Regeln sind die in Betracht zu ziehenden Einordnungskriterien zu analysieren.

III. Kriterien zur Vertragseinordnung

1. Nicht konkretisierte vertragliche Bezugnahme auf öffentliches Recht

Der Qualifikationsvorschlag hat sich an der Rechtsfigur des Vertrags einerseits und dem Rechtsbereich des öffentlichen Rechts andererseits auszurichten. Beide Elemente sind in Bezug zu setzen. Nur ein Vertrag, der eine gewisse tatbestandliche Verbindung mit öffentlichem Recht eingeht, kann öffentlichrechtlich determiniert werden. Ob jede Bezugnahme hinreicht, ob die öffentlichrechtliche Klassifizierung einschränkender Präzisierung bedarf, ist nachzuweisen. Rechtfertigungselement der Begriffsbildung ist die Möglichkeit je essentiell gleich zu treffender Aussagen. Lassen sich unter einen extensiv verstandenen öffentlichrechtlichen Vertragsbegriff Fallgruppen subsumieren, die in ihrer Struktur wesentlich heteronom sind, ist die Qualifikation verfehlt.

Eine Typenanalyse zeigt die Untunlichkeit extensiver Begriffserfassung. Die möglichen Bezugsvarianten des Vertrags zu öffenlichem Recht, die sowohl in einem mehr oder minder starken Konnex öffentlichen Rechts zum Vertragsgegenstand als auch zu den Vertragsparteien selbst, weiter zu Drittpersonen und schließlich zu dessen typischen Rechtsformen bestehen können, sind allenfalls partiell homogen. Exemplarisch ist die Unterschiedlichkeit der jeweils rechtsgültigen Handlungsprinzipien. Ein Vertrag, dessen Parteien das Recht zum Vertragsschluß aus einer Hoheitskompetenz herleiten, unterliegt dem

---

[2] Vgl. zur Definitionenlehre, *Eisler*, Handwörterbuch der Philosophie, 1922, (Mikroausgabe), S. 121 mit weiteren Nachweisen.

direkten Regime des öffentlichen Rechts. Partner, denen diese Legitimation fehlt, unterstehen allenfalls mittelbar — über die zivilrechtlichen Generalklauseln — diesem Maßstab. Ein Vertrag, zu dessen Wirksamkeit eine öffentlichrechtliche Genehmigung einer Behörde erforderlich ist, kann sowohl privatrechtlich als auch öffentlichrechtlich begründbar sein[3]. Schließlich besteht speziell in den Fällen privater Vertragsteilnahme die Möglichkeit, einen Vertrag mit öffentlichrechtlichem Bezug teils nach öffentlichem teils nach privatem Recht zu beurteilen. Daß in diesen Fällen der Überschneidung des öffentlichen und des privaten Rechtskreises der öffentlichrechtliche Bezug allein für die Qualifikation ausschlaggebend sein soll, wäre erst zu erweisen. Einer rechtsdogmatisch sinnvollen *antinomienfreien* Begriffserfassung ist der Vertrag mit dem Merkmal „unspezifischer öffentlichrechtlicher Beziehung" unter diesen Gegebenheiten nicht zugänglich. Qualifikationsvorschläge dieser Art finden sich denn auch in der wissenschaftlichen Erörterung bislang nicht. Irgendwelche Beteiligung des öffentlichen Rechts ist nahezu bei jedem Vertrag möglich. Dieser Ansatzpunkt erscheint insgesamt als verfehlt.

2. Restriktive Qualifikationsmethode

a) Der Vertragsgegenstand

Die Rechtsprechung vertritt bekanntlich eine Variante restriktiver Begriffsbestimmung. Nicht jede Art vertraglicher Bezugnahme zu öffentlichem Recht verleihe einem Vertrag „öffentlichrechtlichen Charakter"; es komme vielmehr auf den Gegenstand, auf die Art und Enge der Beziehungen an[4]. Teils wird der Gegenstand, wie bereits hervorgehoben, näher mit Hilfe der durch den Vertrag beabsichtigten oder begründeten Rechtsfolgen[5] umschrieben[6]. Teils wird auch auf die rechtliche Vorordnung der im Vertrag geregelten Sachverhalte zurückgegriffen[7]; teils auf den Sachzusammenhang mit öffentlichem

---

[3] Vgl. etwa den Grundstückskaufvertrag, der nach Baurecht einer öffentlichrechtlichen Bodenverkehrsgenehmigung bedarf; am zivilrechtlichen Charakter der Vereinbarung ändert das Genehmigungserfordernis nach allgemeiner Auffassung nichts; es gelten die Handlungsprinzipien des Zivilrechts. Andererseits können andere Verträge, die zu ihrer Wirksamkeit ebenfalls hoheitlicher Zustimmung bedürfen, durchaus auch öffentlichrechtlichen Handlungsgrundsätzen unterliegen.

[4] Vgl. zuletzt BGHZ 56, 365 f., 368, 372; BVerwG NJW 1976, 2360 mwN.

[5] Regelmäßig wird nicht der Eintritt öffentlichrechtlicher Rechtswirkungen gefordert, sondern nur eine Absicht der Vertragsparteien in dieser Richtung; vgl. OVG Lüneburg, DÖV 1968, 803; VGH Kassel, NJW 1972, 2062; BGH DÖV 1972, 719.

[6] Vgl. auch *Erichsen / Martens*, § 25 II, S. 205.

[7] Vgl. zuletzt Bundesverwaltungsgericht NJW 1976, 2360; BGHZ 56, 365 (368); auch BGH NJW 1960, 1457 (1458); zusätzlich wird auch hier ein be-

Recht[8]; schließlich auch auf eine hypothetische Normstrukturgleichheit[9]. Gerade der Vertrag zwischen Privaten über öffentlichrechtliche Berechtigungen zeigt die Unangemessenheit dieser Theorie in all ihren Varianten. Teilweise liefert die Wissenschaft den Beleg sogar selbst:

aa) Ein öffentlichrechtlicher *Vertragsgegenstand* ist *kein hinreichendes Einordnungskriterium*. Das Erfordernis publizistischer Natur des Vertragsgegenstandes, das im Verhältnis Verwaltung und Bürger in der Regel als notwendige und hinreichende Bedingung der Begriffsbildung des öffentlichrechtlichen Vertrages akzeptiert wird, erfährt, wie die Stellungnahmen der Wissenschaft zeigen, beim Vertrag zwischen Privaten eine überraschende modifizierende Einschränkung. Wie ein roter Faden zieht sich durch die wissenschaftliche Erörterung bei den Vertretern der Gegenstandstheorie die Kautele, daß ein öffentlichrechtlicher Vertrag zwischen Privaten nur bei ausdrücklicher gesetzlicher Zulassung möglich sei. Während *Kormann*[10] noch interpretiert werden kann, das Erfordernis gesetzlicher Zulassung sei nur Wirksamkeitsbedingung, nicht auch zugleich Qualifikationsbestandteil, ist bereits *Apelt*[11] relativ eindeutig dahin zu verstehen, daß das Erfordernis eines die Parteien ermächtigenden Rechtssatzes, welcher der individuellen Willensbestimmung Raum lasse, Determinationselement öffentlichrechtlicher Rechtsnatur sein müsse. Eindeutig ist bereits die Stimme von *Jedlicka*[12] zu Gunsten des zwingenden Erfordernisses einer Gesetzesgrundlage bereits als Determinationsmerkmal öffentlichrechtlichen Handelns. *Steffen*[13] sieht dann auch den öffentlichrechtlichen Vertrag zwischen Privaten „begrifflich" nur bei gesetzlicher Zulassung als „möglich" an; ebenso auch *Laufkötter*, der einen Vertrag über die Unterhaltungspflicht eines Wasserlaufs privatrechtlich einordnet, wenn keine Gesetzesgrundlage vorhanden ist, als öffentlichrechtlich, sofern diese Bedingung erfüllt ist[14]. Auch *Bullinger*[15] hält eine Gesetzesgrundlage für unerläßlich. Die Einzelbegründung des „*Entwurfs* eines Verwaltungsverfahrensgesetzes 1973"[16] for-

---

sonders enger Zusammenhang mit öffentlichem Recht gefordert, vgl. BGHZ 56, 365 (372); was konkret darunter zu verstehen sei, wird allerdings nirgends gesagt.

[8] *Pestalozza*, JZ 1975, 50 f. (54); vgl. aber auch die Kritik der Gegenstandstheorie bei demselben, „Formenmißbrauch", 1973, S. 181, FN 127.

[9] Vgl. *Bettermann*, JZ 1966, 445; *Wolff / Bachof*, § 44 II b.

[10] *Kormann*, System, S. 30.

[11] *Apelt*, Der verwaltungsrechtliche Vertrag, S. 53/54.

[12] *Jedlicka*, S. 105.

[13] *Steffen*, S. 22.

[14] *Laufkötter*, Vereinbarungen, S. 20.

[15] *Bullinger*, Vertrag, S. 76 FN 362.

[16] Entwurf 1973, S. 79.

dert gleichfalls gesetzliche Ermächtigung. Schließlich ist auf die Stimmen von *Erichsen/Martens* zu verweisen. Nach ihrer Auffassung kann es öffentlichrechtliche Verträge zwischen Privaten nur „geben", wenn die Rechtsordnung diese Rechtsfigur vorsieht[17].

Die Kautele, daß ein öffentlichrechtlicher Vertrag „begrifflich" nur bei gesetzlicher Zulassung möglich sei, erscheint sehr eigentümlich. In die Rechtsnaturfrage wird eine Komponente hineingetragen, die originär im Bereich des Rechtmäßigkeitsproblems eines Vertrags angesiedelt ist und die Frage nach der „rechtlichen Legitimation" des öffentlichrechtlichen Vertrages enthält. In der traditionellen und herrschenden Auffassung der Lehre zum öffentlichrechtlichen Vertrag im allgemeinen ist das Problem seiner rechtlichen Legitimation der Rechtsnaturfrage — als direkte Folge der Gegenstandstheorie — nachrangig. Bezieht sich die Vertragsregelung auf öffentlichrechtlich geprägte Sachverhalte oder ist ein Vertrag darauf gerichtet, öffentlichrechtliche Rechtswirkungen hervorzubringen, so ist der Vertrag unabhängig davon publizistisch zu qualifizieren, ob die Vertragspartner rechtlich zu der konkreten Vertragsregelung legitimiert sind. Hier im Grenzfall der ausschließlichen Beteiligung Privater wird dieses Verhältnis umgekehrt und das Erfordernis rechtlicher Legitimation vorgezogen in die Rechtsnaturfrage. Die Lehre bringt damit ein zusätzlich notwendiges Merkmal in die Abgrenzung. „Ist ein Vertrag mit öffentlichrechtlichem Gegenstand gesetzlich nicht vorgesehen, kann er allenfalls privatrechtlicher Natur sein". Ins allgemeine gewendet heißt das: Ein öffentlichrechtlich vorgeordneter Vertragsgegenstand kann zwar allenfalls noch notwendiges nicht mehr aber hinreichendes Kriterium öffentlichrechtlicher Qualifikation sein. Wird ein Terminus durch zwei notwendige Bedingungen definiert, so kann eine allein für die Begriffsbildung nicht auch zugleich hinreichend sein.

bb) Ein öffentlichrechtlicher *Vertragsgegenstand* ist aber entgegen der herrschenden Auffassung nicht nur kein hinreichendes, sondern *auch kein notwendiges Kriterium* öffentlichrechtlicher Zuordnung[18]. Die Heranziehung einer Gesetzesgrundlage als weiteres Abgrenzungskriterium ist nicht zufällig; sie beruht auf der von der herrschenden Lehre — offensichtlich nur unterschwellig — registrierten Erkenntnis, daß dem Vertragsgegenstand, so wie ihn die Vertreter der Gegenstandslehre begreifen, nicht nur keine lückenlose, sondern überhaupt keine relevante Unterscheidungskraft zukommen kann. Der Vertragsgegen-

---

[17] *Erichsen / Martens*, Allgemeines Verwaltungsrecht, 1975, § 25 IV, S. 208.
[18] Vgl. auch die Kritik von *Menger*, Festschrift für Wolff, 1973, S. 156, 164 für den Fall, daß ein öffentlichrechtliches Rechtsverhältnis erst begründet werden soll; auch der BGH erkennt, daß mit Hilfe der Gegenstandstheorie nicht alle Fälle öffentlichrechtlicher Verträge erfaßt werden könnten, vgl. BGHZ 32, 214 f.; weitere Konsequenzen werden hieraus indes nicht gezogen.

stand ist für die Rechtsnaturfrage indifferent. Schon *Kormann*[19] weist darauf hin, daß auch öffentlichrechtliche Verträge denkbar seien, die lediglich privatrechtliche Wirkungen hätten[20]; dies kann und wird dann der Fall sein, wenn der Vertrag einen privatrechtlichen Gegenstand regelt. Gegen die Vorstellung des öffentlichrechtlichen Vertrages mit privatrechtlichem Gegenstand läßt sich rechtsdogmatisch nichts einwenden; insbesondere nicht, daß für diesen Bereich ein „öffentlichrechtlicher Vertrag" zumindest nicht notwendig sei, da der gleiche Rechtserfolg auch durch einen privatrechtlichen Vertrag erreicht werden könnte. Dieser Schluß ist nicht zwingend, weil auch der privatrechtliche Vertrag nicht in jedem Falle geeignet ist, jede beliebige Rechtsfolge des Privatrechts herbeizuführen. Es läßt sich durchaus annehmen, daß zur Herbeiführung einer solchen Rechtsfolge ein öffentlichrechtlicher Legitimationsgrund erforderlich ist[21], der — wie der sonst als öffentlichrechtlich definierte Vertrag — in seinem Rechtsreglement dem Regime des öffentlichen Rechts unterliegt und völlig gleiche Sachstrukturen wie dieser aufweist. Im übrigen ist auch der Verwaltungsakt anerkannt, der sich auf privatrechtliche Sachverhalte bezieht, der lediglich privatrechtliche Wirkungen hervorbringt. Es ist der *privatrechtsgestaltende* Verwaltungsakt. Im Interesse der Homogenität, der inneren Widerspruchslosigkeit ist eine qualifikationstechnische Gleichstellung öffentlichrechtlicher Handlungsformen angezeigt. Beide Regelungsformen sind solche des öffentlichen Rechts und auch der Verwaltungsakt wird nicht nach seinem Regelungsobjekt qualifiziert. Soweit der Vertragsgegenstand nicht nach dem geregelten Sachverhalten, oder den beabsichtigten oder eingetretenen Rechtsfolgen, dem Sachzusammenhang beurteilt wird, sondern nach seiner hypothetischen Normstrukturgleichheit[22], bestehen dieselben Einwände. Die privatrechtliche Normstrukturgleichheit entspräche dem vorbezeichneten privatrechtlich vorgeordneten Sachverhalt, den privatrechtlichen Rechtswirkungen des Regelungsgegenstandes. Die Gegenstandstheorie ist unter diesen Voraussetzungen abzulehnen.

b) Gesetzliche Vertragstypisierung

Bisweilen finden sich in der Wissenschaft Anklänge zur Lösung des Rechtsnaturproblems, die zumindest punktuell auf die „Vertragsver-

---

[19] *Kormann*, System, S. 33.

[20] Umgekehrt kann es darüberhinaus auch privatrechtliche Verträge mit öffentlichrechtlicher Wirkung geben, vgl. schon preußisches OVG OVGE 33, 107 und 53, 119; dazu OVG Münster, DÖV 1957, 374, 375.

[21] Ein Beispiel bietet das gem. § 24 Bundesbaugesetz den Gemeinden zustehende Vorkaufsrecht, sofern es dem öffentlichrechtlichen Rechtsbereich zugeschlagen wird.

[22] Vgl. *Wolff / Bachof*, § 44 II a; *Bettermann*, JZ 1966, 445; *Menger*, Verwaltungsarchiv 1973, 203 f.

typung" abstellen. Haben die Vertragspartner einen Kaufvertrag, Miet-
vertrag, Dienstvertrag abgeschlossen oder handelt es sich um einen
Abtretungsvertrag, der seine Normierung im bürgerlichen Gesetzbuch
gefunden hat, so wird in der Regel ohne Rücksicht auf sonstige Gesichtspunkte zivilrechtlich qualifiziert[23]. Die Vorstellung eines öffentlichrechtlichen Kaufvertrags, Werk- oder Dienstvertrags scheint fremd
zu sein und in das herkömmliche Bild des öffentlichrechtlichen und
privatrechtlichen Handelns nicht zu passen.

Der Sinngehalt bürgerlichrechtlicher Vertragstypisierung ist indes
ein anderer. Der Gesetzgeber hat im Bürgerlichen Gesetzbuch nicht deshalb bestimmte Verträge kodifiziert, um essentiell ihre privatrechtliche
Rechtsnatur zu betonen; bezweckt wurde vielmehr, bestimmte in der
Rechtswirklichkeit häufig wiederkehrende gleichartige Formen tat-
sächlicher, einverständlicher Güterbewegungen wegen ihrer gleichen
Interessenlage denselben rechtsgeschäftlichen Rechtsregeln zu unterstellen, *soweit* sie dem Zivilrecht angehören. Der privatrechtliche
Rechtsbereich wird nicht durch Vertypung bestimmt — es gibt auch
atypische und gemischt-typische privatrechtliche Verträge — sondern
einzig und allein durch die den Parteien zustehende Privatautonomie.
Sie allein entscheidet über das Vorliegen eines privatrechtlichen Vertrages, mag auch ihre umfassende Bestimmung im einzelnen schwierig
sein. Ein Vertrag, dessen Form angestrebter Güterbewegung im Zivilrecht eine Typisierung gefunden hat, kann auch im öffentlichen Recht
anerkannt werden, sofern nur die Privatautonomie durch einen rechtlich relevanten Bezug solcher Verträge zum öffentlichen Recht ersetzt
wird. Auch im öffentlichen Recht besteht sodann die Möglichkeit eines
typisierten Güteraustausches, sei es in Form von Ware gegen Ware als
öffentlichrechtlichem Tausch, sei es in Form von Waren oder Rechten
gegen Entgelt als öffentlichrechtlichem Kaufvertrag. Die Typisierung

---

[23] So *Ruppert*, S. 29: Schließen zwei Privatpersonen einen Kaufvertrag, im
Rahmen dessen eine öffentlichrechtliche Forderung abgetreten werden soll,
so soll eine derartige Vereinbarung schon deshalb privatrechtlicher Natur
sein, weil der Handlungstypus „Kaufvertrag" im BGB geregelt ist; vgl. etwa
auch *Puppe*, DVBl 1965, 69: „An dem Charakter der Darlehensgewährung als
öffentlicher Aufgabe ändert es nichts, daß ihre Ausführung durch den
Abschluß des Darlehensvertrages in den Formen des Privatrechts erfolgt;
dies hat anerkanntermaßen nur den Grund, daß das öffentliche Recht keine
entsprechenden Formen zur Verfügung hat". Weiter richtet sich nach Bundesverwaltungsgericht BVerwGE 38, 281 (283) der Erwerb eines Grundstücks
auch dann nach bürgerlichem Recht, wenn ein Träger öffentlicher Gewalt
mitwirkt; es sei denn eine besonders normierte Regelung läge vor.
Eine mögliche Tendenzwende könnte sich allerdings möglicherweise durch
das Urteil des BVerwG v. 30. 4. 1976 — VII C 63/75 — anbahnen: Danach soll
ein in einem Prozeßvergleich enthaltener Grundstückstauschvertrag, in dem
eine Gemeinde zugleich auf öffentlichrechtliche Straßenkostenbeiträge verzichtet, insgesamt nach ganzheitlicher Betrachtungsweise öffentlichrechtlich
zu qualifizieren sein, vgl. NJW 1976, 2360.

eines Vertrags bildet keinen, insbesondere keinen *lückenlosen Ansatz* für eine Einordnung[24].

c) Die rechtliche Qualifikation der Vertragsparteien — Sonderrechtsträgerschaft als Voraussetzung öffentlichrechtlicher Verträge

Wie aus der Darstellung der Lehre zum öffentlichrechtlichen Vertrag zwischen Privatpersonen hervorging, wird für die Vertragszuordnung teilweise auf die Rechtsqualität der am Vertragsschluß beteiligten Personen abgestellt. Nach vorliegender Konzeption ist allein dieses Kriterium geeignet, eine präzise, den Definitionsmaßstäben entsprechende Einordnung zu gewährleisten. Diese Folgerung ist aus der konsequenten Anwendung der *Sonderrechtstheorie* zu ziehen:

Die Unterscheidung von öffentlichem Recht und Privatrecht besteht essentiell in einer Unterschiedlichkeit der Rechtssätze. Der öffentlichrechtliche Rechtssatz unterscheidet sich vom privatrechtlichen durch die Qualifikation seines Zuordnungssubjekts. Das Zuordnungssubjekt des öffentlichrechtlichen Rechtssatzes ist ausschließlich ein Hoheitsträger. Das öffentliche Recht ist das Amtsrecht der Träger hoheitlicher Gewalt, durch welches nicht beliebige Personen, sondern nur ein Träger hoheitlicher Gewalt berechtigt oder verpflichtet wird[25]. Zuordnungssubjekt des privatrechtlichen Rechtssatzes ist dagegen jedermann. Der privatrechtliche Rechtssatz berechtigt oder verpflichtet beliebige Personen. *Handlungs*berechtigt und *handlungs*verpflichtet ist mithin im Rahmen des öffentlichrechtlichen Rechtssatzes der Hoheitsträger; handlungsberechtigt und -verpflichtet im Rahmen des Privatrechtssatzes ist jedermann. Der Qualität dieser durch Rechtssatz jeweils eingeräumten Handlungskompetenz ist die vertragliche Rechtsnatur begrifflich und qualifikationstechnisch anzugleichen: Der öffentlichrechtliche Vertrag ist der Vertrag, an welchem die beteiligte Vertragspartei als Hoheitsträger, als *Sonderrechtsträger* teilnimmt. Der privatrechtliche Vertrag ist jener, an welchem die Vertragspartei in ihrer Eigenschaft als Privatrechtsträger, als Träger eines Rechtssatzes, der im Rahmen seiner Tatbestandsvoraussetzungen geeignet ist, für jedermann Wirkung

---

[24] *Kellerhals*, S. 35, *Stern*, AöR Bd. 84, 313: „Kauf, Miete usw sind neutrale Leistungsbeziehungen, die ihre privat- oder öffentlichrechtliche Färbung erst dadurch erhalten, daß sie durch Verträge geschaffen sind, die dem privat- oder öffentlichrechtlichem Rechtskreis zugeordnet sind".

[25] Grundlegend *H. J. Wolff*, Archiv für öffentliches Recht, Bd. 76 (1950), S. 205 f.
Die übrigen, bislang vertretenen Abgrenzungstheorien, insbesondere die Subjektionstheorien und die Interessentheorie werden heute immer seltener angewandt; vgl. zur Kritik dieser Theorien zuletzt *Menger*, Festschrift f. Wolff, 1973, S. 149 (153 f.).

zu entfalten, teilnimmt. Wesentlich für die Qualifikation ist dabei nicht etwa eine konkrete Ermächtigung zum Vertragsschluß, sondern die Legitimation zum Handeln überhaupt. Die Frage der Berechtigung oder Verpflichtung *bestimmte Handlungsformen*, etwa den Vertrag, den Verwaltungsakt einzusetzen, stellt sich ausschließlich im Rahmen der Rechtmäßigkeitsprüfung. Die Handlungsform ist nur Realisierungsmittel eines Rechtsbereichs, nicht sein Essentiale. Unerheblich ist schließlich auch die Frage nach den eingetretenen *Rechtsfolgen* des Vertrags. Auch sie betrifft allein die vertragliche Rechtmäßigkeit. Für die Qualifikation ist sie indifferent. Zuordnungsrelevant ist allein die Qualität des der handelnden Partei zugeordneten Rechtssatzes, in dessen Geltungsbereich abstrakt Handlungsbefugnisse bestehen und von denen sie Gebrauch macht. Unter diesen Voraussetzungen lehnt sich die Definition des öffentlichrechtlichen Vertrages an die real vorhandene Trennung des öffentlichen Rechts vom Privatrecht an, indem der Natur des ermächtigenden Rechtssatzes die Natur des rechtlich möglichen Gestaltungsmittels nominell angeglichen wird. Der öffentlichrechtliche Rechtssatz gebiert den öffentlichrechtlichen Vertrag, der privatrechtliche Rechtssatz den privatrechtlichen Vertrag.

Die Definitionsmaßstäbe der *inneren Widerspruchslosigkeit* und der *Lückenlosigkeit* tragen diese Konzeption. Nur beim Vertrag, der von den Parteien als Sonderrechtsträger eingegangen wird, sind gleichmäßig gleiche Handlungsprinzipien, nämlich die des öffentlichen Rechts, anzuwenden. Allein der „Sonderrechtsvertrag" untersteht unmittelbar und ausnahmslos dem Regime des öffentlichen Rechts. Jeder Rechtssatz des öffentlichen Rechts ist geeignet, für den Vertrag Verbindlichkeit zu entfalten, sofern er nur in seinem Sachverhalt einen Tatbestand öffentlichen Rechts trifft. Diese Regel gilt lückenlos ohne Ausnahme. Der „sonderrechtslegitimierte" Rechtsträger ist den Handlungsgrundsätzen des öffentlichen Rechts unterworfen; der private Rechtsträger den Grundsätzen des Privatrechts. Beide Rechtskategorien unterscheiden sich wesentlich. Eine Abgrenzung des öffentlichen vom privaten Recht und damit auch die Abgrenzung öffentlichrechtlicher und privatrechtlicher Handlungsformen entbehrte jeder rechtlichen Relevanz, folgten beide Rechtskreise denselben Regeln. Eine Differenzierung gestattete allenfalls der faktische Bereich. Materiellrechtlich drückt den Unterschied der Handlungsprinzipien beider Rechtsbereiche mit besonderer Prägnanz Artikel 20 des Grundgesetzes aus. Das staatliche — originär öffentlichrechtliche — Handeln unterliegt spezifischen Einbindungen, die der Privatrechtsordnung in dieser Form nicht eigen sind. Das relativ freie Walten des Privatrechtssubjekts wird für den Hoheitsträger zugunsten einer durchgängigen Unterwerfung unter die Prinzipien der Rechtsstaatlichkeit, der sozialen Gerechtigkeit, der Bundesstaatlichkeit eingeschränkt. Daneben stehen die Grundrechtsgeltung, die Kompetenzordnung, welcher der Hoheitsträger unterworfen ist. Die Gleichförmigkeit des anzuwendenden Rechts fordert die Unterscheidung öffentlichrechtlichen und privatrechtlichen Handelns nach der Qualität der Rechtsträgerschaft geradezu heraus.

Jede Vertragssystematik hat diese Differenzierung nach der zum Einsatz gelangenden Rechtsträgerschaft zu berücksichtigen. Insbesondere ist eine jede *gesetzliche Regelung* des öffentlichrechtlichen Vertrags im Lichte dieser Unterscheidung zu erklären. So gilt etwa für die Regelung des § 54 VwVfG 1977: Der Vertrag, der ein Rechtsverhältnis auf dem Gebiete des öffentlichen Rechts gestaltet, ist der *kraft Sonderrechts* eingegangene Pakt[26]. Nicht ein irgendwie gearteter *Vertragsgegenstand*, nicht die geregelten Sachverhalte oder Rechtswirkungen bestimmen die vertragliche Rechtsnatur; qualifikationsregelnd wirkt allein die durch die Setzung eines Sachverhalts angerufene rechtliche Handlungskompetenz der Vertragsparteien.

d) Subjektive Elemente — Die Lehre vom Formenwahlrecht der Hoheitsträger

Die hier vorgeschlagene Definitionsformel ist objektiv ausgerichtet. Sie wird durch die Lehre vom „Formenwahlrecht" eines Hoheitsträgers in Frage gestellt. Ausgangspunkt ist die nahezu allseits akzeptierte Feststellung, daß der Hoheitsträger neben seiner Sonderrechtsqualifikation auch die allgemeine Privatrechtsqualifikation besitzt. Unter diesen Voraussetzungen sei es ihm gestattet, zwischen den Handlungs- und Organisationsformen des öffentlichen Rechts und des Privatrechts zu wählen[27]; der Sonderrechtsträger sei frei, ihm ausschließlich zugeordnete und damit öffentlichrechtliche Kompetenzen mit den Mitteln des Privatrechts wahrzunehmen; der Staat, insbesondere die Verwaltung seien berechtigt, eine vorgegebene öffentlichrechtliche Legitimation im Einzelfall abzuwählen und durch eine aus dem Privatrechtsbereich stammende zu ersetzen. Der Hoheitsträger wird als Herr über den Legitimationsgrund anerkannt. Der Normbereich, den er anruft, soll die Rechtsverbindlichkeit seines Handelns bestimmen dürfen. Für vorliegende Theorie vom öffentlichrechtlichen Vertrag bedeutete die Anerkennung des Wahlrechts die freie, subjektiv ausgerichtete Verfügungsbefugnis über den Einsatz der Rechtsträgerschaft und damit über die vertragliche Rechtsnatur. Gibt der Hoheitsträger zu erkennen, er verzichte im Einzelfall auf öffentlichrechtliche Rechtsträgerschaft und

---

[26] Entsprechendes gilt für die Präzisierung der Definition des öffentlichrechtlichen Vertrags in den Verwaltungsverfahrensgesetzen der einzelnen Bundesländer.

[27] Vgl. etwa *Erichsen / Martens*, § 31, S. 225, mit weiteren Nachweisen.

rufe Privatrecht an, so wäre ein Vertrag privatrechtlich zu qualifizieren. In dieser Weise nimmt die herrschende Auffassung die Vertragseinordnung bis heute vor[28].

Das Prinzip der *inneren Widerspruchslosigkeit* läßt indes die Einbeziehung des aufgrund der Ausübung eines Wahlrechts von der herrschenden Meinung als privatrechtlich determinierten Vertrags in die hier vorgeschlagene Definition des privatrechtlichen Vertrags nicht zu. Der als privatrechtlich „gewählte" Vertrag ist dem sonst privatrechtlich definierten Vertrag nicht strukturgleich; ihm sind die Strukturen des öffentlichrechtlichen Vertrags eigen. Der Vertrag, dem seine privatrechtliche Qualifikation erst aufgrund einer Wahlausübung zwischen einem vorhandenen öffentlichrechtlichen Sonderrechtssatz und der privatrechtlichen Kompetenz zukommt, untersteht anderen Handlungsgrundsätzen als der privatrechtlich determinierte Vertrag, dessen Rechtsnatur nicht erst durch Surrogation öffentlichrechtlicher Legitimationsgründe entsteht. Nach herrschender Meinung gelten für den Privatrecht wählenden Sonderrechtsträger die typischen Bindungen des öffentlichrechtlichen Rechtsbereichs. Es gelten die Grundrechte, das Rechtsstaatsgebot und weiteres mehr[29]. Einem so gekennzeichneten Handeln kommt allgemein das Attribut „öffentlichrechtlich" zu. Das beweisen der Verwaltungsakt, das schlichthoheitliche Handeln. Demgegenüber soll es nach der These von der Wahlfreiheit der Hoheitsträger einen privatrechtlich legitimierten öffentlichrechtlich eingebundenen Vertrag geben, der privatrechtlich zu etikettieren sei. Wäre diese These richtig, wäre es um die gegenseitige Strukturverschiedenheit öffentlichrechtlich und privatrechtlich legitimierter Verträge einerseits und um ihre jeweilige innere Strukturgleichheit andererseits geschehen; beide Vertragstypen folgten für diesen Bereich weitgehend gleichen Regeln.

Der Wahlfreiheitsthese kann indes *nicht* gefolgt werden. Die Behauptung eines Wahlrechts, einer nahezu beliebigen Austauschbarkeit öffentlichrechtlicher und privatrechtlicher Rechtssätze durch den Hoheitsträger erscheint verfehlt. Ist ein Rechtssubjekt öffentlichrechtlich legitimiert, so ist die Legitimation zwingend. Öffentlichrechtliche Legitimation heißt ausschließliche *und* zwingende Zuordnung eines Rechtssatzes an den Hoheitsträger[30]. Die Zuordnung eines öffentlichrechtlichen Sonderrechts ist daraufhin angelegt, Sachverhalte, die den

---

[28] Vgl. hierzu *Erichsen / Martens*, S. 225 f.; *Wolff / Bachof*, Verwaltungsrecht I, § 23.

[29] Vgl. zum Streitstand *Pestalozza*, DöV 1974, 188, 189; *Wolff / Bachof*, § 23 II b, mwN.

[30] Vgl. zu dieser „erweiterten Sonderrechtstheorie" *Pestalozza*, „Formenmißbrauch", S. 170 f., mit weiteren Nachweisen.

Tatbestand des Rechts treffen, in ihren Rechtsfolgen ausschließlich diesem Recht zu unterstellen. Öffentlichrechtliche Sonderrechtssätze sind geschaffen, um die spezifischen Handlungsgrundsätze, die Vorrechte und Bindungen des öffentlichen Rechtsbereichs zum Einsatz zu bringen. Die Anerkennung eines Wahlrechts des Hoheitsträgers wäre konstruktiv geeignet, diese Intention zu vereiteln. Im Privatrecht herrschen Abschluß- und Gestaltungsfreiheit. Dies sehen auch die Vertreter der Wahlfreiheitsthese; anstatt freilich die zu weitgehende Ausgangshypothese zurückzunehmen, wird dem angeblich verbindlich gewählten Privatrechtsbereich — gleichsam als Korrektur für die rechtstechnische Fehlkonstruktion der Wahlfreiheitsthese — das zunächst durch Zulassung der Wahl beseitigte Reglement des öffentlichen Rechts nachträglich wieder aufgezwungen[31]. Die „Absicht" der Verwaltung ist nicht geeignet, die Rechtsgeltung zu beeinflussen. Öffentliches Recht ist in der Zuordnung zwingendes Recht, es ist den Eigenarten des Hoheitsträgers angepaßt; es gilt für ihn ob er will oder nicht[32]. Dies jedenfalls solange, als nicht der Gesetzgeber zulässigerweise einen Sonderrechtssatz einschränkt oder beseitigt. Für den Vertrag bedeutet das: Der *Parteiwille* ist *nicht* in der Lage, Legitimationsgründe als verbindlich zu benennen; die Rechtsgeltung bestimmt allein die Rechtsordnung. Dabei sind allein *objektive* Gesichtspunkte ausschlaggebend. Mit dieser Annahme erweist sich der Zusammenhang zwischen Legitimationsgrund und Vertragsreglement im Sinne einer zwingenden Zuordnung des öffentlichrechtlichen Regimes für den öffentlichrechtlichen „Sonderrechtsvertrag" als unanfechtbar. Die Strukturgleichheit öffentlichrechtlicher Verträge untereinander einerseits und privatrechtlicher Verträge untereinander andererseits wird nicht angetastet. Die Bezeichnung eines Vertrages als öffentlichrechtlich, sei es durch Berufung auf ein angebliches Wahlrecht, sei es auch durch schlichte Falschbenennung, ist für die vertragliche Qualifikation irrelevant.

IV. Die einzelnen Beteiligungsvarianten und ihre Qualifikation

1. Verträge unter ausschließlicher Beteiligung des Staates als Hoheitsträger

Der öffentlichrechtliche Vertrag ist primär der Vertrag zwischen staatlichen Verwaltungsträgern. Das Gemeinwesen ist der geborene Hoheitsträger und mithin der geborene Vertragspartner des publizistischen Rechtsgeschäfts. Gibt ein Träger öffentlicher Verwaltung eine

---

[31] *Pestalozza*, DöV 1974, 188 (189).
[32] Derselbe, S. 191.

4 Gern

vertragstypische Willenserklärung kraft öffentlichen Rechts ab, so ist
sie „öffentlichrechtliche Willenserklärung" zu nennen. Ist der Erklärungsempfänger ein rechtlich qualitativ gleichwertiger, ein koordinier-
ter Partner, vermag er die Willenserklärung kraft öffentlichen Rechts
anzunehmen. Der öffentlichrechtliche Vertrag ist perfekt. Jede gesetzte
Willenserklärung erfüllt die Voraussetzungen öffentlichrechtlicher Legitimation. Der öffentlichrechtliche Vertrag ist mithin originär der Vertrag, bei dem auf beiden Seiten der Staat als Hoheitsträger kontrahiert.

2. Der Vertrag zwischen Privaten als Hoheitsträger (Beliehenen)

Die öffentlichrechtliche Qualität der handelnden Vertragspartner als
Qualifikationskriterium gestattet weitere Aussagen: Die erste betrifft
den Vertrag unter Beteiligung des „beliehenen Hoheitsträgers". Der
beliehene Hoheitsträger ist — im Lichte der Sonderrechtstheorie — ein
Rechtssubjekt des Privatrechts, eine Privatperson, der ein originär
ausschließlich dem Staat als „geborenem" Hoheitsträger zuzuordnender
und damit öffentlichrechtlicher Rechtssatz — gleichsam systemwidrig —
zugeordnet wird. Der Private wird partiell zum staatlichen Funktionsträger. Ausschnitte einer Hoheitskompetenz, die als Regelkompetenz
notwendig den Staat treffen, werden dem Privaten als Staatsfunktion
zur eigenen Wahrnehmung anvertraut[33]. Im einzelnen ist vieles streitig.
Übereinstimmung herrscht aber insoweit, daß die Einräumung einer
Hoheitskompetenz an das Rechtssubjekt des Privatrechts dieses befähigt,
öffentlichrechtlich zu handeln, insbesondere in seiner Eigenschaft als
Sonderrechtsträger Verträge einzugehen. Der kraft öffentlichen Rechts
handelnde private Hoheitsträger unterliegt als solcher in gleicher Weise
den Handlungsgrundsätzen des öffentlichen Rechts, wie der staatliche
Hoheitsträger[34]. Solchermaßen eingegangene Verträge sind prinzipiell
öffentlichrechtlich.

Handelt der private Hoheitsträger *außerhalb seines hoheitlichen
Kompetenzbereichs*, so gilt *Privatrecht*. Der kraft der ihm wie jedermann zustehenden Privatrechtskompetenz abgeschlossene Vertrag ist
privatrechtlicher Natur. Wann das Eine, wann das Andere vorliegt,
ist eine Frage der Auslegung und Reichweite der jeweils verliehenen
hoheitlichen Rechtsmacht und bedarf im Einzelfall konkreter Prüfung.
Für den Vertrag zwischen Privaten über öffentlichrechtliche Berechti-

---

[33] Zur Beleihung vgl. allgemein: *Wolff / Bachof*, Verwaltungsrecht II,
4. Auflage 1976, § 104; *Michaelis*, Der Beliehene, 1969; *Steiner*, Der beliehene
Unternehmer, JuS 1969, 69 - 75; *Heyen*, Das staatstheoretische und rechts-
theoretische Problem des Beliehenen, 1973; *Ossenbühl*, VVDStRL 29 (1971),
S. 137 f. mit weiteren Nachweisen; *Gallwas*, VVDStRL 29, S. 211 f.; *Steiner*,
Öffentliche Verwaltung durch Private, Allgemeine Lehren, 1975.

[34] Vgl. *Wolff / Bachof*, Verwaltungsrecht II, § 104 I. Auch das „Formenwahlrecht" wird ihm im übrigen zugestanden, vgl. *Steiner*, DöV 1970, 526 (529).

gungen und Verpflichtungen bedeutet diese Erkenntnis: Ein Vertrag ist dann *öffentlichrechtlich* zu qualifizieren, wenn die kontrahierende Privatperson als *beliehener* Hoheitsträger paktiert[35]. In diesem Zusammenhang spielt es keine Rolle, ob der Vertrag über den „Gegenstand" der Beleihung geschlossen wird. Der hoheitsbezogene Gegenstand ist als solcher völlig gleichgültig. Möglich wäre auch ein Vertrag des Beliehenen über Privatrecht. Wesentlich ist allein, daß der allgemeine Rahmen der verliehenen Hoheitskompetenz eingehalten wird.

3. Der Vertrag unter ausschließlicher Beteiligung Privater als Rechtssubjekte des Privatrechts

Als Rechtssubjekte des Privatrechts können sowohl der *Staat* und der *Beliehene* als auch die private, *nichtstaatliche Rechtsperson* vertragsbeteiligt sein. Erstere Rechtssubjekte können dies in den Fällen, in denen sie nicht kraft Sonderrechts, sondern aufgrund eines Rechtssatzes handeln, der für jedermann gilt. Schließen zwei Rechtssubjekte des Privatrechts einen Vertrag, so wird er im Bereich der umfassenden Privatrechtskompetenz eingegangen. Er ist privatrechtlich zu qualifizieren. Auf einen etwaigen öffentlichrechtlichen Gegenstand, eine Bezugnahme anderer Art, einen Sachzusammenhang kommt es nicht an. Er ist nicht geeignet, die unmittelbar gültigen Handlungsgrundsätze zu bestimmen. Der Vertrag als Handlungsform zwischen Privaten als Rechtssubjekten des Privatrechts ist *immer* der privatrechtliche Vertrag. Der Versuch einer vertraglichen Gestaltung öffentlichen Rechts ist für die Rechtsnaturfrage indifferent. Der Vertrag zwischen Privatpersonen als Rechtssubjekten des Privatrechts über öffentlichrechtliche Verpflichtungen und Berechtigungen ist grundsätzlich privatrechtlich. Nicht sein öffentlich-rechtlich geprägter Regelungsinhalt, sein Gegenstand, sondern die zum Einsatz gelangende rechtliche Qualifikation der Partner bestimmen die Rechtsnatur[36]. Ob solche Verträge freilich auch zulässig sein können, ist eine andere Frage. Ihr ist weiter unten nachzugehen.

4. Die Vertragsbeteiligung des Privatrechtsträgers, insofern er einem Sonderrechtssatz unterworfen ist — Vertragsbeteiligung der „Zivilperson"

Öffentlichrechtliche Legitimation bedeutet ausschließliche Zuordnung eines Rechtssatzes an den Staat als Hoheitsträger oder an den Privaten

---

[35] *Kuhn*, Komm., Anm. 6 zu § 121 des Gesetzes, ist, soweit ersichtlich, der einzige Autor, der als Voraussetzung öffentlichrechtlicher Verträge zwischen Privatpersonen die Beleihung beider privater Vertragspartner fordert.

[36] Dies zu *Pestalozza*, Privatverwaltungsrecht, JZ 1975, 50 (53), soweit die Qualifikation in Frage steht.

als beliehenen Hoheitsträger im Sinne einer Kompetenzzuordnung.
Die „öffentlichrechtliche" Rechtsstellung des einzelnen ist etwas wesentlich Anderes. Das öffentliche Recht der Privatperson ist kein Sonderrecht, sondern dessen *Kehrseite*, dessen Korrelat[37]. Es ist nach den Regeln der Definitionenlehre unkorrekt, eine Handlung eines Privat-
rechtsträgers in seiner Eigenschaft als gewaltunterworfene Zivilperson[38]
öffentlichrechtlich zu etikettieren, soweit mit diesem Ausdruck zugleich
auch das Handeln des Hoheitsträgers erfaßt werden soll. Der Bezug zum
öffentlichen Recht legt diesen Sprachgebrauch zwar nahe; es ist üblich,
von einer öffentlichrechtlichen Willenserklärung, einem öffentlichrechtlichen Antrag, einem öffentlichrechtlichen Verzicht der Privatperson
zu sprechen. Die Definitionsmaßstäbe entlarven diesen Sprachgebrauch
indes als zu weitgehend. Die handelnde „Zivilperson" ist den typischen
generell gültigen Handlungsprinzipien, die traditionell das öffentliche
Recht vor dem Privatrecht auszeichnen sollen, *nicht* unterworfen. Die
Qualität einer Handlung der Zivilperson ist verglichen mit staatlicher
und auch „beliehener" Aktion wesentlich heteronom. Für letztere
Handlungsformen gelten die Kompetenzzuordnungsnormen, der Rechts-
und Sozialstaatsgrundsatz in allen Ausformungen, die Pflicht zur Wahrung der Grundrechte. Diese Besonderheiten rechtlicher Ausformung
kommen der Handlung der Zivilperson prinzipiell nicht zu. Die Zivilperson macht — mit einem subjektiv öffentlichen Recht — von einem
Recht Gebrauch, das nicht Sonderrechts- sondern *Jedermannscharakter*
besitzt. Das Korrelatsrecht eines Sonderrechts auf der Seite der Privatperson ist seinem wahren Wesen nach nicht öffentlichrechtlich, sondern
zivilrechtlich. Es steht im Rahmen der geforderten Tatbestandsvoraussetzungen jedermann zu. Die einzige Besonderheit zu dem Privatrecht
traditioneller Prägung besteht darin, daß es sich nicht wie dieses auf
ein Privatrechtssubjekt bezieht, sondern auf einen Hoheits- bzw. Sonderrechtsträger und häufig als „ius cogens" ausgestaltet ist. Die herrschende Meinung faßt unter einen einheitlichen Oberbegriff „öffentliches Recht" zwei wesentlich verschiedene Rechtskategorien, deren
zweite, das öffentliche Recht der nicht beliehenen Privatperson, wegen
seiner „Allgemeinzuordnung" in Wahrheit zivilrechtlichen Charakter
trägt. Wenn — unexakt — schon nicht das Recht selbst, so muß unter
diesen Voraussetzungen in jedem Falle die im Bereich des öffentlichen
Korrelatrechts der Privatperson vorgenommene *Handlung* der Privatperson privatrechtlich qualifiziert werden. Ein im Rahmen der öffentlichen Gewaltunterworfenheit eingegangener Vertrag ist entsprechend

---

[37] *Wolff / Bachof*, § 43 I c.

[38] Der Terminus „Zivilperson" ist von *Wolff*, vgl. Verwaltungsrecht I,
§ 32, III c eingeführt. Es soll damit die Rechtsträgerschaft der Privatperson
gekennzeichnet werden, insofern sie Träger öffentlichrechtlicher Rechte und
Pflichten ist, ohne selbst Träger öffentlicher Gewalt zu sein.

zivilrechtlich zu qualifizieren. Allein die Hoheitsbezogenheit der öffentlichen Rechte der Privatperson — ohne gleichzeitige Geltung der typischen öffentlichrechtlichen Handlungsprinzipien — rechtfertigt es nicht, einer im Rahmen eines solchen Rechts vorgenommenen Handlung das Attribut öffentlichrechtlich zu verleihen. In einzelnen Rechtsbereichen verfährt ja auch der herrschende Sprachgebrauch nach vorliegender Konzeption, allerdings offenbar ohne sich der hieraus weiter zu ziehenden Konsequenzen bewußt zu werden. So sind etwa die allgemeine Handlungsfreiheit, die Pressefreiheit oder die Berufsfreiheit zwar als sogenannte subjektiv öffentliche Rechte der Privatperson anerkannt. Niemand käme indes auf den Gedanken, davon zu sprechen, ein Maurer maure im Rahmen der Gewerbefreiheit öffentlichrechtlich, oder die Abfassung eines Zeitungsartikels durch einen Redakteur sei öffentlichrechtliche Tätigkeit.

Die Auffassung von *Wolff / Bachof*[39], daß öffentlichrechtlich auch die Rechtsverhältnisse zwischen Zivilpersonen seien, insoweit sie öffentlichrechtlicher Gewalt unterworfen sind, kann — ausgehend von der Sonderrechtstheorie — für die Handlungsform des Vertrags nicht gelten. Damit würde eine innere Strukturverschiedenheit öffentlichrechtlicher Verträge untereinander anerkannt, die nicht sachadäquat ist. Auf den insoweit inkonsequenten Schluß aus der Sonderrechtstheorie weist zutreffend *Hillermeier*[40] hin; danach müsse bei Anwendung der Sonderrechtstheorie ein öffentlichrechtlicher Vertrag zwischen Privatpersonen als solcher von vornherein ausscheiden.

5. Verträge zwischen Privaten unter hoheitlicher, nicht auf Parteistellung beruhender Einflußnahme

Der Vertrag als Handlungsform zwischen Privaten wird, wie die aufgeführten Gesetzesfälle zeigen, nicht allein unter Beteiligung des Hoheitsträgers als Vertragspartner, sondern auch unter seiner Beteiligung lediglich als hoheitliche Mitwirkungsinstanz ohne Parteistellung eingegangen. Der häufigste Fall staatlicher Mitwirkung ist die Zustimmung (Genehmigung, Einwilligung). Eine Zustimmung kann gesetzlich vorgesehen sein, so in § 6 pr. Wegereinigungsgesetz; eine spezielle Rechtsgrundlage kann auch fehlen; die Wasserpolizeibehörde stimmt der Übertragung einer Sondernutzung unter Privaten zu. Neben diesem Typ staatlicher Mitwirkung gibt es auch Verträge, an denen die staatliche Machtausübung mit *geringerer Intensität* beteiligt ist. So sind, etwa nach § 2 baden-württembergisches Jagdgesetz, Verträge zwischen

---

[39] Vgl. *Wolff / Bachof*, Verwaltungsrecht I, § 44 II a.
[40] DVBl 1967, 21, FN 19.

Einzelnen über öffentliches Recht mit staatlicher *Beanstandungsmöglichkeit* vorgesehen. Rechtsfolge behördlicher Beanstandung ist die
Annullierung des Vertrages. Daneben kennen verschiedene Gesetze
Fälle, in denen sich die staatliche Mitwirkung auf behördliche *Beurkundung* beschränkt, so etwa in § 110 Bundesbaugesetz. Schließlich behält
sich das Gemeinwesen bei einigen gesetzlichen Regelungen auch eine
subsidiäre Regelungsbefugnis vor, sofern eine dem Beteiligten eingeräumte Ermächtigung zu vertraglicher Gestaltung nicht wahrgenommen
wird. Unterbleibt etwa ein Jagdgebietsabrundungsvertrag mangels
Einigung, so entscheidet die Jagdbehörde[41].

Über den Einfluß staatlicher, nicht auf Parteistellung beruhender
Mitwirkung auf die Qualifikation vertraglichen Handelns herrscht nur
teilweise Übereinstimmung. Meinungsverschiedenheiten bestehen sowohl hinsichtlich der Einordnung als solcher, als auch insbesondere
hinsichtlich der personalen Zurechenbarkeit der Vertragswirkung[42].

Nach vorliegender Konzeption bestimmen Art und Ausmaß der am
Vertrag beteiligten Rechte der Vertragspartner die Rechtsnatur. Dem
staatlichen Mitwirkungsakt kommt danach für die Vertragsqualifikation insoweit eigenständige Bedeutung zu, als er konkret geeignet ist,
den vertraglichen Legitimationsgrund zu bestimmen. Soweit sich die
behördliche Mitwirkungsbefugnis auf Beanstandungs- und Beurkun-
dungsrechte beschränkt, vermag die staatliche Vertragsteilnahme nicht
qualifikationsbeeinflussend zu wirken. Der staatliche Mitwirkungsakt
setzt die vertragliche Abschlußkompetenz bereits voraus. Während die
Beanstandungsbefugnis Ausdruck staatlicher Rechtskontrolle ist, ent-
haltend das behördliche Recht, die vertraglichen, auf der Parteiauto-
nomie beruhenden Rechtswirkungen nachträglich ex tunc zu beseitigen,
verflüchtigt sich die Intensität staatlicher Vertragsteilnahme im Rahmen einer Beurkundungstätigkeit zu bloßer Beratungshilfe mit der
Nachwirkung etwa im öffentlichen Interesse liegender Beweissicherung.
Das vertraglich geregelte öffentliche Recht wird zugunsten der Gemeinschaft seinem Regelungsergebnis nach offengelegt. — Soweit die staatliche Vertragsteilnahme in einer publizistischen Zustimmungshandlung
zu finden ist, vermag das Zustimmungserfordernis die Rechtsnatur
vertraglichen Handelns gleichfalls nicht zu beeinflussen. Grundsätzlich
ist die Statuierung des behördlichen Zustimmungserfordernisses nur
rechtstechnisches Mittel zur Einräumung *staatlicher Aufsicht;* es gibt
keine Zustimmung ohne Rechts- und gegebenenfalls Zweckmäßigkeits-

---

41 So etwa § 2 Abs. 2 Jagdgesetz Baden-Württemberg: „Kommt eine Vereinbarung nicht zustande, so kann die untere Jagdbehörde die Abrundung
von Amts wegen vornehmen."
42 Vgl. die Ansichten von *Imboden,* Der verwaltungsrechtliche Vertrag,
S. 45 bis 47 einerseits und von *Pestalozza,* JZ 1975, 50 (52, 55) andererseits.

kontrolle des Vertragsakts. Während die Beanstandungsmöglichkeit die Vertragswirksamkeit nachträglich ex tunc zu beseitigen vermag, ist der ohne die notwendige Zustimmung eingegangene Pakt von Anfang an schwebend unwirksam; die öffentliches Recht gestaltende Vertragsregelung wird vorläufig nicht in Kraft gesetzt. Dem Mitwirkungsakt kommt unter diesen Voraussetzungen im Rahmen der vertraglichen Rechtmäßigkeit seine Funktion zu. Indirekt kann die vertragliche Rechtsnatur allerdings dann berührt werden, wenn eine erforderliche Zustimmung endgültig verweigert wird. Soweit eine Vertragsregelung aufgrund öffentlichrechtlichen Sonderrechts erfolgen soll, zieht die Verweigerung der behördlichen Mitwirkung die Beseitigung des öffentlichrechtlichen Legitimationsgrundes nach sich. Eine zwischen den Parteien getroffene Vereinbarung wird dem Bereich des öffentlichen Rechts entzogen und kann nur noch als privatrechtliches *Binnenrecht* unter den Parteien gelten[43]. Ein Vertrag ohne die gesetzlich erforderliche öffentlichrechtliche Mitwirkung ist allenfalls privatrechtlicher Natur.

6. Beteiligung des Sonderrechtsträgers und des Privatrechtssubjekts zugleich

Die Rechtswirklichkeit kennt Fallgestaltungen, in denen Hoheitsträgerschaft und Privatrechtssubjektivität gleichzeitig vertragsbestimmend sind. Dabei sind zwei Varianten möglich. Im ersten Fall kommen beide Legitimationsformen auf *einer* Vertragsseite nebeneinander zum Einsatz. Die andere Möglichkeit besteht darin, daß sich Hoheitsträgerschaft und Privatrechtssubjektivität auf *verschiedenen* Seiten gegenüberstehen. Bestimmen sowohl das öffentliche Recht als auch das Privatrecht einen Vertrag, so gebieten es die Definitionsmaßstäbe, ihn „gemischtrechtlich" zu benennen. Der Vertrag schöpft sein Recht aus beiden Rechtsgebieten. Für das Rechtssubjekt des Privatrechts gelten die Handlungsprinzipien des privaten Rechts, insbesondere Abschluß- und Gestaltungsfreiheit; darüber hinaus allgemein das bürgerliche Recht; für den Hoheitsträger gilt öffentliches Sonderrecht:

a) Der Vertrag des Sonderrechtsträgers mit dem Privatrechtssubjekt

Soweit sich ein Hoheitsträger und ein Privatrechtssubjekt auf verschiedenen Seiten des Vertrags gegenüberstehen, wird ein Vertrag von der herrschenden Auffassung[44] „subordinationsrechtlich öffentlichrecht-

---

[43] *Pestalozza*, JZ 1975, 50 (55).
[44] Vgl. zuletzt etwa BGHZ 56, 365 f. (368); BVerwGE 42, 331; BVerwG NJW 1976, 2360.

lich" determiniert. Die Definition der herrschenden Lehre beruht auf einer sogenannten „ganzheitlichen" Betrachtungsweise[45] mit Vorrang des öffentlichen Rechts. Diese Auffassung führt dazu, einem „gemischt-rechtlichen Vertrag" jede, selbst die begriffliche Anerkennung zu versagen. Zur Begründung wird Folgendes ins Feld geführt: Es sei zwar möglich, daß durch öffentlichrechtliche Maßnahmen privatrechtliche Rechte und Pflichten begründet würden, wie das Beispiel des privatrechtsgestaltenden Verwaltungsakts zeige; eine Aufgliederung der aus einem Vertrag entstehenden Rechte und Pflichten in öffentlichrechtliche und privatrechtliche führe jedoch dazu, daß für die Zulässigkeit und inhaltliche Gestaltung von Verträgen unterschiedliche Vorschriften des öffentlichen und des Privatrechts anzuwenden wären. Eine solche unterschiedliche Behandlung der aus einem Rechtsverhältnis entstehenden Rechtsbeziehungen sei abzulehnen; aufgrund der „Enge des Zusammenhangs" seien sämtliche Rechte nach übereinstimmenden Regeln zu beurteilen; dabei gelte der Vorrang des öffentlichen Rechts[46].

Dieser Ansicht kann nicht gefolgt werden[47]. Die Enge des Zusammenhangs zwischen öffentlichem und privatem Recht ist keinesfalls geeignet, die Handlungsprinzipien eines der beiden Rechtsbereiche zurücktreten zu lassen. Handelt das Privatrechtssubjekt kraft Privatrechts, dann unterliegt es notwendigerweise auch privatrechtlichen Regeln; die Enge des Zusammenhangs zu öffentlichem Recht mag noch so groß sein, sie ist nicht imstande, dem Privatrecht das öffentlichrechtliche Reglement aufzuzwingen; es sei denn, das handelnde Privatrechtssubjekt würde zum öffentlichrechtlichen Sonderrechtsträger. Gerade der sogenannte „subordinationsrechtlich öffentlichrechtliche Vertrag" ist, wie im Rahmen der Zulässigkeitsprüfung mit aller Deutlichkeit zutage treten wird, in Wirklichkeit der Hauptfall eines gemischten Vertrags, der in seinem Vertragsrecht teilweise den Regeln beider Rechtsgebiete untersteht.

Trotz der gebotenen Determination als gemischtrechtlich wird im Folgenden der gemischte Vertrag, bei welchem auf der einen Seite der öffentlichrechtliche Sonderrechtsträger und auf der anderen Seite das Privatrechtssubjekt beteiligt sind, entsprechend der Terminologie der herrschenden Meinung sowie der §§ 54 f. des Verwaltungsverfahrens-

---

[45] Vgl. BGH ebd.

[46] So ausdrücklich *Erichsen / Martens*, § 25 III, S. 207 unter Hinweis auf *Bisek*, S. 33 f., FN 9; *Püttner*, Allgemeines Verwaltungsrecht, 2. Auflage 1973, S. 100 und Bundesverwaltungsgericht, BVerwGE 22, 138, 140.

[47] Die Rechtsfigur des gemischten Vertrags wird ausdrücklich auch anerkannt von *Stern*, AöR Bd. 84, 323, 325; *Clasen*, DöV 1959, 281; *Lerche*, in: „Staatsbürger und Staatsgewalt", Bd. II, 1963, S. 59, 66 f. *Barocka*, Verwaltungsarchiv Bd. 61 (1960), 1 (3); *Schwerdtfeger*, Die öffentlichrechtliche Fallbearbeitung, Auflage 1973, S. 75.

gesetzes 1977 des Bundes als subordinationsrechtlich „öffentlichrechtlicher Vertrag" bezeichnet. Es erscheint aussichtslos, diesen festeinge-
bürgerten Begriff verbannen zu wollen. Konsequenzen für die Vertragszulässigkeit und das Vertragsrecht dürfen indes aus dieser einer
ganzheitlichen Betrachtungsweise entsprungenen Determination unter
keinen Umständen gezogen werden.

b) Der Vertrag, an dem eine Vertragspartei zugleich als Hoheitsträger und als Privatrechtssubjekt teilnimmt

Wie bereits hervorgehoben, sind Hoheitsträger „Doppelrechtsträger".
Während der Staat ex origine eine doppelrechtsträgerschaftliche Stellung inne hat, kommt dem beliehenen Hoheitsträger diese Qualifikation
durch besondere Verleihung zu. Beiden Rechtssubjekten ist gemeinsam,
daß sie sowohl Sonderrechtsträger als auch zugleich Privatrechtsträger
sind. Diese rechtliche Ausstattung kann bewirken, daß bei einer Vertragspartei im Rahmen eines *einheitlichen* Rechtsgeschäfts Hoheitsträgerschaft und Privatrechtskompetenz *nebeneinander* zum Einsatz
kommen. Dies ist etwa in der Weise möglich, daß im Rahmen eines
Gesamtvertragswerks verschiedene Einzel-(Teil-)regelungen getroffen
werden, deren eine kraft Privatrechts deren andere kraft Sonderrechts
Geltung besitzt. Für solche Verträge gebieten es die Definitionsmaßstäbe in gleicher Weise wie beim Vertrag zwischen Hoheitsträger und
Bürger die Determination *gemischtrechtlich* zu erwählen[48]. Im Gegensatz
zum Vertrag zwischen Hoheitsträger und Bürger hat sich hier, soweit
die Existenz solcher Verträge überhaupt anerkannt wird, ein anderer
Sprachgebrauch nicht eingebürgert. Die Bezeichnung „gemischtrechtlich"
wird unter diesen Voraussetzungen auf vorgenannte Fallgruppe beschränkt.

V. Zusammenfassung zur Rechtsnatur

Verträge zwischen Privatpersonen zur Regelung öffentlichrechtlicher
Verpflichtungen und Berechtigungen beziehen ihre Rechtsnatur aus der
rechtlichen Qualität der am Vertrag beteiligten, den Vertragspartnern
zur eigenen Wahrnehmung zugeordneten Rechte, kraft derer die konkrete Vertragsregelung getroffen wird. Dem öffentlichrechtlich determinierten Regelungs*gegenstand* kommt für sich allein *keine Relevanz*
zu.

Mit den Begriffen „öffentlichrechtlicher Vertrag, privatrechtlicher
Vertrag, gemischtrechtlicher Vertrag" wird eine gewisse Art der Be-

---

[48] So auch *Stern*, AöR 84, 323, 325 für den energiewirtschaftlichen Kon-
zessionsvertrag.

zugnahme zu einem der beiden Rechtsbereiche des öffentlichen- und des Privatrechts gekennzeichnet.

Ob und gegebenenfalls auf welche Weise die Definition weiter zu präzisieren sei, ist mit Hilfe der Definitionsmaßstäbe, den Prinzipien der *inneren Widerspruchslosigkeit* und der *Lückenlosigkeit* zu bestimmen. Sie führen zur Definition des *öffentlichrechtlichen* Vertrags als eines Vertrags, den die Parteien *als öffentlichrechtliche Sonderrechtsträger* abschließen. Entsprechend ist der privatrechtliche Vertrag der privatrechtlich legitimierte Vertrag; an ihm nehmen die Vertragsparteien in ihrer Eigenschaft als Rechtsträger des Privatrechts teil. Den *gemischtrechtlichen* Vertrag bestimmen beide Rechtsbereiche.

Als öffentlichrechtliche Sonderrechtsträger schließen die Beteiligten einen Vertrag, wenn sie ihn kraft Sonderrechts eingehen. Öffentlichrechtliche Sonderrechtssätze sind Normen, deren ursprüngliches und ausschließliches Zuordnungssubjekt regelmäßig der Staat als Hoheitsträger ist. Vertragssubjekt des öffentlichrechtlichen Vertrages ist damit originär das staatliche Rechtssubjekt. Abgeleiteter Sonderrechtsträger ist der beliehene private Hoheitsträger. Auch er kann am öffentlichrechtlichen Vertrag in Parteistellung beteiligt sein, wenn er als Sonderrechtsträger handelt.

Öffentlichrechtliche Verträge zwischen Privatpersonen als solchen sind nicht anzuerkennen. Der Private schließt kraft seiner allgemeinen, jedermann zustehenden Privatrechtskompetenz den privatrechtlichen Vertrag. Auch die „Zivilperson" kann, soweit sie einem Sonderrecht unterworfen ist, keine öffentlichrechtlichen Verträge abschließen. Sie paktiert im Rahmen ihrer Privatrechtskompetenz und schließt zivilrechtliche Verträge.

Als *gemischtrechtlich* wird derjenige Vertrag bezeichnet, dessen Vertragspartner teils nach öffentlichem und teils nach privatem Recht paktieren. Der Vertrag, dessen einer der Partner durch öffentliches Recht der andere privatrechtlich legitimiert ist, wird nur aus Gründen der Praktikabilität — entsprechend der Terminologie der herrschenden Meinung — „subordinationsrechtlich öffentlichrechtlich" benannt.

Entscheidend für die öffentlichrechtliche Vertragsqualifikation ist die generelle Einhaltung des öffentlichrechtlichen Kompetenzrahmens, innerhalb dessen eine Berechtigung oder Verpflichtung zum Handeln besteht. Die Rechtmäßigkeit des Einzelfalls, insbesondere die richtige Wahl der vorgesehenen Handlungsformen, ist für die Einordnungsfrage irrelevant[49]. Entsprechendes gilt für die Art der vertraglichen Rechtsfolgen.

---

[49] So jedenfalls im Ansatz auch *Menger*, Verwaltungsarchiv Bd. 52 (1961), S. 100, 101, insbesondere FN 28, 29, der für die Einordnung auf die „grundsätzliche" Dispositionsbefugnis zumindest eines Vertragspartners abstellt.

Soweit das handelnde Vertragssubjekt als Doppelrechtsträger paktiert, ist die *Vertragsqualifikation* ausschließlich *nach objektiven Maßstäben* durchzuführen. Die öffentlichrechtliche Kompetenz ruft den öffentlichrechtlichen Vertrag, die Privatrechtskompetenz den privatrechtlichen. Eine Austauschbarkeit der Legitimationsgründe nach subjektiven Parteivorstellungen ist nicht anzuerkennen. Die Lehre vom Formenwahlrecht der Hoheitsträger ist in sich widersprüchlich und daher abzulehnen. Zuordnung eines öffentlichrechtlichen Sonderrechtssatzes ist zwingende, invariabel gültige Zuordnung (erweiterte Sonderrechtstheorie). Die Definitionsmaßstäbe indizieren die Anwendung dieser Lehre. Wegen des Rückgriffs der herrschenden Lehre auf die Handlungsgrundsätze des öffentlichen Rechts im Rahmen des Verwaltungsprivatrechts würde die Definition für diesen Bereich *inhomogen;* der privatrechtliche Vertrag — als verwaltungsprivatrechtlicher Vertrag — und der öffentlichrechtliche Vertrag — allgemein — folgten für ihren Bereich jeweils denselben Rechtsregeln. Gerade die Verschiedenheit gültiger Handlungsprinzipien ist es aber, die der Unterscheidung des öffentlichen Rechts vom Privatrecht erst Sinn verleiht. Der öffentlichrechtliche Vertrag über öffentlichrechtliche Berechtigungen oder Verpflichtungen ist der Vertrag unter Teilnahme von Sonderrechtsträgern. Er steht unter dem Regime des öffentlichen Rechts als zwingenden Sonderrechts; der privatrechtliche Vertrag ist der Vertrag unter Beteiligung von Privatrechtsträgern; er steht unter dem Regime des Privatrechts. Qualifikationsbezogene Ausnahmen von diesem Grundsatz sind auch für den Bereich des sogenannten „Verwaltungsprivatrechts" nicht zuzulassen.

Die in den erlassenen Verwaltungsverfahrensgesetzen bestehenden — recht vagen — Definitionen des öffentlichrechtlichen Vertrags sind im Lichte der hier vorgeschlagenen Definition des öffentlichrechtlichen Vertrags zu präzisieren.

Für die Regelung des § 54 VwVfG 1977 gilt: Der Vertrag, der ein Rechtsverhältnis auf dem Gebiete des öffentlichen Rechts gestaltet, ist der kraft Sonderrechts eingegangene Pakt.

4. Kapitel

Die Vertragszulässigkeit

Die Zulässigkeitsfrage bestimmen Elemente, die systematisch einerseits der Handlungsform des Vertrages an sich, zum anderen dem vertraglichen — öffentlichrechtlichen — Regelungsinhalt zuzuordnen sind. Zusammenhänge der die Rechtmäßigkeit jeweils bestimmenden Rechtssätze sind nicht ausgeschlossen[1].

I. Der privatrechtliche Vertrag

1. Die Zulässigkeit der Handlungsform

Unabhängig vom öffentlichrechtlichen Regelungsinhalt ist der aufgrund der allgemeinen, außerhalb des öffentlichen Rechtskreises liegenden Privatrechtskompetenz eingegangene Vertrag privatrechtlich. Die Privatrechtssubjektivität des einzelnen, des Staates legitimiert das privatrechtliche Handeln. Die Handlungsform des Vertrags ist das typische rechtliche Gestaltungsmittel der Privatrechtsordnung. Besonderen, von Regelungsinhalt abgelösten Zulässigkeitsvoraussetzungen unterliegt der Vertrag nur insoweit, als das bürgerliche Recht eigentypische Handlungsformen rechtlicher Bindung bereit hält. Das vertragliche Regelungsinstrument ist in diesen Fällen nicht einsetzbar. Insoweit gilt im bürgerlichen Recht das Enumerationsprinzip. Der privatrechtliche Vertrag ist seiner Handlungsform nach immer dann zulässig, wenn das Gesetz nicht ausdrücklich einseitiges und mehrseitiges, nicht auf vertragstypischen Willenserklärungen beruhendes Parteihandeln fordert. Der Vertrag als Handlungsform zwischen zwei Rechtssubjekten des Privatrechts, kraft ihrer Privatrechtskompetenz eingegangen, unterliegt den Zulässigkeitsvoraussetzungen des bürgerlichen Rechts.

---

[1] Vgl. zur gebotenen Differenzierung „Zulässigkeit der Handlungsform" und „Rechtmäßigkeit des Vertragsinhalts", *Stern*, S. 143; *Bleckmann*, Verwaltungsarchiv Bd. 63 (1972), S. 404 f.; Entwurf eines VwVfG 1973, Einzelbegründung zu § 50, S. 78. Speziell zu den möglichen Zusammenhängen, *Bleckmann*, S. 405.

2. Inhaltliche Rechtsgeltungsvoraussetzungen

Auch die rechtlichen Maßstäbe seines Regelungsinhaltes setzt unmittelbar das Privatrecht, materiell freilich teilweise mittelbar das öffentliche Recht. Der Vertrag mit öffentlichem Recht als Regelungsgegenstand unterliegt in seinen Geltungsbedingungen insofern durchgängig dem Zivilrecht, als die Normen, die sein Zustandekommen, seine Abwicklung bestimmen, unmittelbar dem BGB zu entnehmen sind. Soweit das Bürgerliche Gesetzbuch Bestimmungen enthält, die die inhaltlichen Maßstäbe der Rechtsgeltung nicht selbst angeben, sondern aus anderen Rechtsnormen beziehen, indem sie auf außerhalb des BGB liegendes Recht verweisen, ist der Einfluß öffentlichen Rechts auf die Vertragszulässigkeit möglich. Durchgriffsnormen dieser Art sind etwa die §§ 134, 306, 823 ff BGB; durch sie kann im Rahmen ihrer Tatbestandsvoraussetzungen öffentliches Recht mittelbar Geltungskraft erlangen[2]. Der Vertrag über öffentliches Recht ist insbesondere an den §§ 134, 306 BGB zu messen. Soweit sein Inhalt öffentlichem Recht widerspricht, ist er gemäß § 134 BGB nichtig, wenn der Rechtsverstoß zugleich als Verstoß gegen ein gesetzliches Verbot zu werten ist[3]. Gesetzlich untersagt in diesem Sinne ist die vertragliche Gestaltung öffentlichen Rechts, das der Privatdisposition entzogen ist[4]. Entsprechend kann eine unzulässige Disposition über öffentliches Recht auch den Tatbestand des § 306 BGB erfüllen. Der Einsatzbereich solcher zivilrechtlichen Sperren ist aus der Natur des zur Disposition stehenden öffentlichen Rechts selbst herzuleiten. Es bestimmt ihre Reichweite. Das zu regelnde öffentliche Recht hat zwei Bedingungen zu erfüllen, um für private Verfügbarkeit offen sein zu können. Es muß „an sich" dispositiv sein, weiter muß es zur Disposition des durch die allgemeine Privatrechtskompetenz legitimierten Privatrechtssubjekts stehen.

a) Disponibilität öffentlichen Rechts

Die Existenz *dispositiven* öffentlichen Rechts an sich wird, soweit ersichtlich, in der Wissenschaft nicht angezweifelt, wenn auch im einzelnen Streit besteht[5]. Umfang und Ausmaß der Dispositionsfähigkeit sind freilich enge Grenzen gesetzt. Dispositionsfähigkeit rechtlicher Ordnung bedeutet Inkonsistenz des Rechtsinhalts, der personalen Rechts-

---

[2] *Bleckmann*, S. 434, für die Grundrechte.

[3] Zum Begriff „gesetzliches Verbot" allgem. *Soergel / Siebert*, BGB, 10. Aufl., Rdnr. 1 f. zu § 134 BGB.

[4] Zur Bedeutung des öffentlichen Rechts als Verbotsnorm, *Soergel / Siebert*, Rdnr. 5, mwN.

[5] Zur Dispositionsnorm, allgem. *Stern*, S. 137 f., mwN; *W. Jellinek*, Verwaltungsrecht, 3. Aufl., S. 194 f., S. 211; *Rimann*, Rechtsnachfolge, DVBl 1962, 553.

zuordnung. Sie fördert Inkontinuität der Entscheidung, Erschwerung der Voraussehbarkeit behördlichen Handelns und damit für den einzelnen den Ansatz einer Erschütterung des Vertrauens in die staatliche Machtausübung. Das Rechtsstaatsangebot fordert die inhaltliche und zuordnungsmäßige Stabilität öffentlichen Rechts. Öffentliche Rechtszuordnung ist prinzipiell zwingende Zuordnung[6]. Dieses Gebot betrifft die personale wie die inhaltliche Seite des Rechts. Öffentliches Recht wird dem staatlichen Machthaber von der Staatsgemeinschaft in demokratischem Prozeß zum Zwecke öffentlicher Interessenwahrnehmung eingeräumt. Verfügung über gesetztes Recht bedeutet danach Interessenumprogrammierung. Sie kann materiell nur zulässig sein, soweit sie im positiven Recht selbst angelegt ist. Der Exekutivgewalt steht nur im Rahmen der Wertordnung der Verfassung und der Einzelnorm, soweit ihre Kompetenzen reichen, Dispositionsrecht zu. In diesem Bereich kann sie rechtliche Interessen als erstrebenswert setzen[7]. In diesem Rahmen kann sie diese — interessengerecht — auch umsetzen, über sie disponieren. Im übrigen ist inhaltliche und insbesondere personelle Rechtszuordnung grundsätzlich zwingend. Öffentliche Rechtsverhältnisse sind prinzipiell persönlicher Natur. Das gilt zunächst für die Rechte und Pflichten des beteiligten Hoheitsträgers selbst[8]. Sie basieren auf „inalienabler" Kompetenzzuordnung, ohne die Ordnung staatlicher Macht nicht möglich wäre. Rechtsnachfolge und Pflichtenübernahme sind danach allenfalls im Rahmen eines Gesetzes zulässig[9].

Das generelle Verbot öffentlichrechtlicher Rechtsmodifikation gilt auch für die Korrelate der Hoheitsrechte, die Rechte der „Zivilperson". Auch sie sind einer Verfügung nur soweit zugänglich, als es das rechtlich fixierte öffentliche Interesse im Einzelfall zuläßt. Als Entsprechungen des Hoheitsrechts teilen sie dessen Schicksal und sind insoweit zwingend. Die Übergangsfähigkeit[10], die Modifikationsfähigkeit als solche genügt allein nicht für die Zulässigkeit. Insbesondere reicht nicht schon für sich allein eine etwaige fehlende „Höchstpersönlichkeit, eine Sachbezogenheit oder eine Vertretbarkeit" eines Rechts zur Disposition aus. Die Modifikation öffentlichen Rechts ist vielmehr kompetenzbestimmt. Übergangsfähigkeit beinhaltet noch nicht die Kompetenz zur Veran-

---

[6] Vgl. etwa *Forsthoff*, 10. Aufl., S. 191.

[7] Zum Begriff „Öffentliches Interesse", vgl. *Wolff / Bachof*, 9. Aufl., § 29, mwN.

[8] *Forsthoff*, 10. Aufl., S. 191; *Giacometti*, Allgemeine Lehren, S. 324 und FN 30.

[9] Vgl. *Wolff / Bachof*, Verwaltungsrecht, 9. Aufl., § 41 IV, 42 IV mwN, der, wie dargelegt, für Vermögensrechte Ausnahmen zulassen will. Dieser Ansicht ist in dieser Allgemeinheit nicht zu folgen. Auch das öffentliche Vermögensrecht dient der Realisierung öffentlicher Interessen; sie kann durch freie Verfügbarkeit vereitelt werden.

[10] Vgl. zu diesem Begriff *Wolff / Bachof*, § 42 IV d.

lassung des Übergangs. Die Disposition über öffentliches Recht erfordert eine öffentlichrechtliche Kompetenz, die die Modifikation zuläßt. Nur sie garantiert die öffentliche Interessenverwirklichung. Ihrer Natur nach ist die öffentlichrechtliche Kompetenz rechtsgleicher Sonderrechtssatz. Allein er erlaubt die vertragliche Disposition über öffentliches Recht.

b) Regelmäßige Unzulässigkeit
privatrechtlicher Disposition über öffentliches Recht

Das Erfordernis eines öffentlichrechtlichen Rechtssatzes als Voraussetzung öffentlichrechtlicher Gestaltung bringt Licht in die Frage der Zulässigkeit des privatrechtlichen Vertrags über öffentliches Recht; der *privatrechtliche* Vertrag ist, wenn nicht weitere Voraussetzungen hinzukommen, *ungeeignet,* öffentliches Recht zu gestalten. Ein auf die Regelung öffentlichen Rechts ausgerichteter übereinstimmender rechtsgeschäftlicher Parteiwille kann als solcher keine Rechtsverbindlichkeit entfalten. Der privatrechtliche Vertrag wird ausschließlich aufgrund der allgemeinen Privatrechtskompetenz des Rechtssubjekts des Privatrechts eingegangen. Ihr ist kein öffentlichrechtlicher Sonderrechtscharakter eigen. Die Disposition über öffentliches Recht verlangt öffentliche Interessenwahrung. Die allgemeine Privatrechtskompetenz fordert die Wahrung des individuellen Interessenkreises. Beide Zielsetzungen differieren wesentlich. Unter diesen Voraussetzungen gilt der Satz der notwendigen Strukturgleichheit von modifizierendem Rechtsakt und seinem Regelungsgegenstand. Ein privatrechtlicher Vertrag kann prinzipiell nicht auf öffentliches Recht als solches einwirken. Der privatrechtliche verwaltungsrechtsgestaltende Vertragsakt ist in der Regel unzulässig. Ein Umkehrschluß zur zulässigen Figur des privatrechtsgestaltenden Verwaltungsakts ist nicht möglich. Die Einwirkung öffentlichen Rechts auf privates Recht ist, sei es durch Verwaltungsakt, sei es durch öffentlichrechtlich legitimierten Vertrag im Einzelfall durchaus interessengerecht, insbesondere wenn private (privatrechtliche) Belange mit öffentlichrechtlichen Belangen kollidieren. Die Entscheidung wird zugunsten des öffentlichen Interesses getroffen. Das rechtstechnisch adäquate Mittel ist der Einsatz des öffentlichen Rechts und mithin öffentlichrechtlicher Gestaltungsformen zur Eingrenzung Privatrechts. Ein Umkehrschluß führte zur rechtswidrigen Bevorzugung des privaten Eigeninteresses. Das zum Handeln legitimierte Recht bestimmt die Grenzen der Regelungsfähigkeit des zu gestaltenden Gegenstandes. Die Regelung öffentlichen Rechts würde danach nach den Privatrechtsgrundsätzen genereller Gestaltungsfreiheit zu beurteilen sein. Gerade dieses Prinzip ist aber im öffentlichen Recht zugunsten einer durchgängigen Unterwerfung unter die öffentlichrechtlichen Regeln der Rechtsstaatlichkeit, der Sozialstaatlichkeit, des

demokratischen Prinzips eingeschränkt[11]. Für den Privatrechtsträger
gelten diese Grundsätze nicht.

c) Ausnahmsweise Dispositionsfähigkeit durch qualitative Umwandlung der Rechtsträgerschaft und des zu gestaltenden Rechts

Öffentliches Recht kann nur zur Disposition der Privatperson gestellt
werden, wenn der Privatperson entweder zugleich eine hoheitliche
(öffentlichrechtliche) Rechtsmacht im Sinne einer *Beleihung* eingeräumt
wird, womit ein Vertrag als öffentlichrechtlicher Vertrag zugleich den
Handlungsgrundsätzen öffentlichen Rechts unterworfen wird, oder
wenn dem zur Disposition stehenden öffentlichen Recht für den Bereich
privater Regelungsbefugnis sein öffentlichrechtliches Wesen entzogen
und es *ins Privatrecht "entlassen"* wird[12]. In diesem Falle erhält ein
Vertrag zumindest für den Umfang des Vertragsinhalts durch *Rechtsumwandlung* einen privatrechtlichen Gegenstand; das ursprünglich
öffentliche Recht wird zu einem — möglicherweise begrenzten —
Privatrecht abgeschwächt. Rechtsumwandlung heißt Lösung eines
Sonderrechts aus der ausschließlichen Staatszuordnung. Es ist nicht
mehr ausschließlich ein Hoheitsträger handlungsberechtigt oder verpflichtet, sondern im Rahmen des Tatbestandes jedermann. Welche
Konstruktion im Einzelfall angemessen ist, entscheidet sich insbesondere
nach der (Fort-)Geltung öffentlichrechtlicher Handlungsprinzipien und
dem Ausmaß der Anteilnahme öffentlicher Belange am Vertrag. Beides
ist von Fall zu Fall festzustellen. Die Rechtsumwandlung von öffentlichem Recht in Privatrecht erfolgt durch zumindest partielle Preisgabe
der Verfolgung öffentlicher Zwecke und damit zugleich durch Verzicht
auf die Geltung öffentlichrechtlicher Maßstäbe. Die gesetzliche Einräumung privater Hoheitskompetenz auf der anderen Seite ist gekennzeichnet durch die öffentliche Interessenerhaltung[13], durch Bindung an
Recht und Gesetz, insbesondere der Bindung des Handelnden an die
Grundrechte.

Die Rechtsumwandlung sowohl der Rechtsträgerschaft als auch des
zu regelnden Rechts selbst erfordert ausdrückliche oder schlüssige Ermächtigung durch den Herrn über den öffentlichrechtlichen Normbestand. Ohne eine solche ist der Eingriff auf öffentliches Recht von
privater Hand nicht legalisierbar. Ihm steht die zwingende Sonder-
rechtsstruktur des öffentlichen Rechts im Wege. Das Zuordnungssubjekt öffentlichen Rechts ist regelmäßig der Staat als Hoheitsträger,

---

[11] Dies zu *Pestalozza*, JZ 1975, 50 (54).

[12] Vgl. zu dieser Möglichkeit G. *Jellinek*, System, S. 348; *Werner*, Verwaltungsarchiv Bd. 44 (1939), 273 f.

[13] Vgl. statt aller, *Wolff / Bachof*, II, 4. Aufl. 1976, § 104.

daneben — außerhalb der Regelkompetenzzuordnung — der beliehene Hoheitsträger. Die Zuordnungssubjektivität gibt die Handlungsberechtigung an. Dem öffentlichrechtlichen Zuordnungssubjekt ist das Recht zur Realisierung des im Interesse des Ganzen bestehenden öffentlichen Rechts ausschließlich aufgegeben. Das zur vertraglichen Gestaltung zuständige Subjekt ist damit der Sonderrechtsträger und nicht das Privatrechtssubjekt, letzteres selbst dann nicht, wenn das Privatrechtssubjekt zugleich als „Zivilperson" öffentlicher Gewalt unterworfen ist; der privatrechtliche Vertrag über öffentliches Recht ist *rechtswidrig*, soweit aus öffentlichem Recht nicht „Privatrecht", jedermann zustehendes Recht, geworden ist[14]. Soll — jedenfalls für den Bereich des Dispositionsrechts — durch Vereinbarung auf dem Gebiete öffentlichen Rechts ein Recht begründet, modifiziert oder aufgehoben werden, so bedarf es hierzu eines Sonderrechts. Die Privatrechtsordnung räumt dem Handelnden nur die Rechtsmacht zur Regelung privatrechtlicher Verhältnisse ein. Wegen des Fehlens willensautonomer Einwirkungsmöglichkeit auf öffentliches Recht ist der privatrechtliche Vertrag im Sinne des § 134 BGB verboten und nichtig[15].

3. Sonderfall:
Öffentliches Recht als vertraglicher Annextatbestand

Einen legitimen Anwendungsbereich kann der privatrechtliche Vertrag allerdings dort haben, wo die den Vertragsgegenstand bildenden Rechte *unangetastet* bleiben sollen[16]. Diese Rechtsfolge richtet sich nach dem Willen der beteiligten Vertragsparteien und dem Umfang der Hoheitskompetenz, die den zu regelnden öffentlichrechtlichen Verpflichtungen oder Berechtigungen zugrundeliegt. Die öffentlichrechtliche Schuldübernahme etwa ist nichtig, die interne Erfüllungsübernahme in der Regel wirksam. Der öffentlichrechtliche Gläubiger kann sich trotz des Vertrages weiterhin an den ursprünglichen Schuldner halten. Damit bleibt das öffentlich-rechtliche Schuldverhältnis zwischen Hoheitsträger und ursprünglichem Schuldner in der Zuordnung unberührt. Nur „scheinbar" ist hier öffentliches Recht Vertragsgegenstand. In Wahrheit ist es nur Anknüpfungstatbestand

---

[14] Vgl. etwa *G. Jellinek*, System, S. 348: „Öffentliches Recht kann niemals Objekt privater Verträge sein".

[15] Bei ungenauem, undifferenziertem Hinsehen liegt es natürlich in den Fällen der Rechtsumwandlung des Regelungsgegenstandes nahe, von einem „privatrechtlichen Vertrag über öffentliches Recht zu sprechen", da ja das zur Disposition stehende „Privatrecht" außerhalb der Dispositionsbefugnis tatsächlich öffentliches Sonderrecht ist. Bei dieser Anschauungsweise kann dann auch ein „privatrechtlicher Vertrag über öffentliches Recht" zulässig sein. Rechtsdogmatisch ist diese These indes nicht zu begründen.

[16] Vgl. dazu *Hillermeier*, DVBl 1967, S. 19 f., (21) mwN.

zivilrechtlicher Vertragsbeziehungen. Das rechtfertigt es, dem Vertrag die Gültigkeit nicht zu versagen. Der persönlichkeitsbezogenen Struktur des Schuldverhältnisses wird kein Abbruch getan[17]. Die konkreten kraft Hoheitsrechts festgelegten Zuordnungsverhältnisse öffentlichrechtlicher Verpflichtungen und Berechtigungen bleiben bestehen[18].

Nur dann also, wenn nach dem Vertragszweck weder eine inhaltliche noch personelle Modifikation öffentlichrechtlicher Verpflichtungen oder Berechtigungen eintreten soll, kann ein privatrechtlicher Vertrag Bestand haben[19]. Bestimmt freilich das öffentliche Recht die Rechtsbeziehungen der privaten Vertragspartner auch im Innenverhältnis, etwa bei gewissen höchstpersönlich zu erfüllenden Pflichten, so ist auch ein solcher interner Vertrag verboten. Das wird aber der Ausnahmefall sein.

II. Der koordinationsrechtliche öffentlichrechtliche Vertrag

1. Der Einsatzbereich der Vertragsform —
Legitimationsgrundlage der Bindung durch Einigung

Der öffentlichrechtliche Vertrag als Vertrag unter ausschließlicher Beteiligung privater Hoheitsträger, eingegangen innerhalb ihres Kompetenzbereichs, birgt hinsichtlich seiner Rechtsvoraussetzungen einerseits die Grundproblematik des koordinationsrechtlichen öffentlichrechtlichen Vertrags zwischen staatlichen Hoheitsträgern, andererseits ergeben sich spezifische Fragen aus der vertraglichen Einschaltung privater Hoheitsträgerschaft.

a) Gemeinsame Grundproblematik des Vertrages
zwischen staaatlichen und privaten Hoheitsträgern

Der koordinationsrechtliche öffentlichrechtliche Vertrag zwischen staatlichen Rechtsträgern ist hinsichtlich der legitimen Einsetzbarkeit der vertraglichen Handlungsform zwar im wesentlichen unbestritten, dogmatisch indes wenig abgeklärt[20]. Im einzelgesetzlich nicht durchnormierten Bereich wird die vertragliche Handlungsform ohne aus-

---

[17] Den Grundsatz des persönlichen Charakters der öffentlichrechtlichen Rechte und Pflichten betont insbesondere *Forsthoff*, 10. Aufl., S. 192.

[18] Vgl. *Hillermeier*, ebd.; *Bettermann*, Urteilsanm. zu BGH DVBl 1962, 485 (487).

[19] Vgl. *Bettermann*, S. 487.

[20] *P. Krause*, Rechtsformen, 1974, S. 217; *Beinhardt*, Verwaltungsarchiv Bd. 55 (1964), 210 (236).

drückliche Spezialermächtigung als Regelungsinstrument generell zugelassen[21]; auf dem kodifizierten Terrain insoweit, als nicht andere Regelungsformen, speziell der Verwaltungsakt, vom Gesetz ausdrücklich oder konkludent vorgezogen werden[22]. Restriktive Auffassungen scheinen überwunden zu sein. Die Rechtsbindungswirkung der *Einigung* wird allenthalben akzeptiert, selten aber erklärt.

Bindungseffekt und Rechtsfolgewirkung können nur aus einer rechtlichen Legitimation der vertraglichen Handlungsform folgen. Ohne Legitimation ist der Eintritt eines Rechtserfolgs unmöglich. Legitimationsgrundlage für öffentlichrechtliches Handeln ist der öffentlichrechtliche Sonderrechtssatz. Die legitime Einsetzbarkeit des öffentlichen Vertrags ist von der Existenz eines zum Vertragsschluß ermächtigenden Sonderrechtssatzes abhängig. Die relativ zahlreichen, normativ vorgesehenen Verträge zeigen die prinzipielle gesetzliche Anerkennung des Vertrags als Handlungsform zwischen Hoheitsträgern. Die konkrete Ermächtigung erfüllt die Voraussetzungen sonderrechtsqualitativer Legitimation. Jenseits konkreter Gestattung bleibt für die Legitimation der Rückgriff auf allgemeine rechtliche, insbesondere verfassungsrechtliche Sonderrechtskategorien. Das gilt sowohl für die Zulässigkeit des Vertrags im einzelgesetzlich geregelten Bereich, als auch im sogenannten „gesetzesfreien Raum". Der entscheidende dogmatische Ansatzpunkt ist der verfassungsrechtliche Grundsatz der *Gesetzmäßigkeit* staatlichen Handelns. Jede staatliche Tätigkeit, jedwede Handlungsform muß sich auf ein formelles Gesetz zurückführen lassen[23]. Das Gebot der Gründung auf formelles Gesetzesrecht ist Ausfluß des demokratischen Prinzips, nach dem allein dem Parlament die Souveränität, die Lenkungs- und Leitungsfunktion im Staatswesen zusteht[24]. Lenkung der Exekutive durch das Parlament bedeutet indes nicht ihre Bindung an den totalen Gesetzesvorbehalt; die Dynamik, die nicht voraussehbare Vielgestaltigkeit der Wechselfälle des Lebens erfordert die Handlungsfähigkeit, die Rechtsgestaltungskompetenz der Exekutive auch außerhalb enumerativ fixierter Tatbestände. Verwalten kann sich nicht in schlichtem nach Inhalt und Handlungsform genau vorprogrammiertem (Einzel-) Gesetzesvollzug erschöpfen. Verwaltungsgegenstand und Verwaltungsumfang umschreibt weitgehend kein Einzelgesetz[25]. Für die Verwaltung findet allerdings ohne Ausnahme insoweit formeller Gesetzes-

---

[21] Entwurf eines VwVfG 1973, Einzelbegründung zu § 50, S. 78; BVerwGE 42, 331 f. = DVBl 1973, 800 f.; § 54 VwVfG 1977.

[22] Vgl. Entwurf, ebd.; eine Übersicht gibt *Stern*, S. 114 f.

[23] Vgl. etwa *Maunz / Dürig / Herzog*, Rdnr. 124 zu Art. 20 GG.

[24] Vgl. *Beinhardt*, VerwArch Bd. 55 (1964), 210, (220).

[25] *Maunz / Dürig / Herzog*, Rdnr. 141, zu Art. 20 GG.

vollzug statt, als sie an die für sie gültigen Verfassungsprinzipien gebunden ist (Art. 20 GG). Diese Bindung enthält materiell einerseits
eine Legitimation zur Verwirklichung der Verfassungsziele und damit
eine generelle Handlungskompetenz zum Verfassungsvollzug; andererseits eine Beschränkung, eine Eingrenzung der Rechtsmacht. Diese
gemeinhin unter dem Stichwort der Geltung des „Vorrangs des Gesetzes" diskutierte Rechtsstellung der Verwaltung bindet ihre Handlungsfähigkeit primär also nicht nur ein, sondern sie schafft und legitimiert sie auch. Das Handeln der Verwaltung außerhalb einzelge-
setzlicher Tatbestände im Rahmen des Verfassungsauftrags ist „Vollzug von Verfassungsrecht".

Die Einsetzbarkeit der Handlungsform des Vertrags in diesem Raum
ist damit eine Frage der Legitimation unmittelbar durch die *Verfassung*. Die Verfassung ist der die Verwaltung zum Handeln legitimie-
rende öffentlichrechtliche Sonderrechtssatz. Soweit die Verfassung im
Einzelfall das Handlungsinstrumentarium zur Erreichung der Verfassungsziele nicht vorschreibt, ist die Exekutive in der Wahl der Mittel
frei. Rechtsbindung durch Vertragseinigung ist der Verwaltung dann
gestattet, wenn die Verfassung den Vertrag weder ausschließt noch
keine andere Form des Tätigwerdens zwingend vorzeichnet. In der Regel sieht die Verfassung von Formvorschriften für Verwaltungshandeln ab. In diesem Bereich besteht eine *Autonomie der Handlungsform*. Entschließt sich die Exekutive zur Rechtsgestaltung durch
Vertragseinigung, so tritt Rechtsbindung ein. Entschließen sich zwei
dergestalt autonom handelnde Sonderrechtsträger zur Kooperation,
ist der koordinationsrechtliche öffentlichrechtliche Vertrag seiner
Handlungsform nach zulässig; er ist geeignet, Rechtswirkungen hervor-
vorzubringen, soweit im übrigen sein Inhalt dem Recht entspricht. Die
Verwaltung wird also nicht erst durch Einzelgesetze öffentlichrechtlich handlungsfähig gemacht, sondern sie ist es generell aufgrund der
Verfassung[26]. Soweit das Regelungsmittel nicht vorgeschrieben ist,
ist sie frei für den Verwaltungsakt, für den Vertrag und für sonstige
— etwa von ihr geschaffene — Formen des Handelns. Der Verfassungs-
sonderrechtssatz impliziert die Legitimation des öffentlichrechtlichen
Vertrags zwischen staatlichen Hoheitsträgern.

Diese Grundsätze gelten im einzelgesetzlich durchnormierten Bereich wie auch außerhalb, soweit der Einsatz einer Handlungsform
nicht zwingend vorgegeben ist. Dem Einzelakt der Verwaltung als
typischer Regelungsform gebührt gegenüber dem Vertrag keine Vor-

---

[26] Vgl. etwa *Wolff / Bachof*, § 30 II c. Nach *Bleckmann*, Verwaltungsarchiv
Bd. 63 (1972), S. 404 f. (414) mwN soll die Bindungswirkung des Vertragshandelns aus den allg. Grundsätzen von Treu und Glauben, „pacta sunt
servanda" und aus Gewohnheitsrecht ableitbar sein.

zugsstellung. Es besteht keinesfalls ein Zwang zu einseitiger, nicht kooperativer Entscheidung unter Verwaltungsträgern. Das öffentliche Interesse, das allgemeine Wohl erfordern ganz im Gegenteil eine möglichst weitgehende Interessenkoordinierung. Wie aber vermag eine solche besser verwirklicht zu werden als durch Vertrag? Der Verwaltungsakt, die einseitige Regelungsform, hat vornehmlich einen Sinn in seiner Rechtsschutzfunktion. Einen weitergehenden qualitativen Eigenwert besitzt er nicht. Soweit freilich die einseitige Regelung gesetzlich speziell vorgesehen ist, bedeutete die Zulassung des Vertrages neben dem Verwaltungsakt eine Mißachtung des gesetzgeberischen Willens. Insoweit gebührt der dem Gesetz zukommenden Ordnungsfunktion Vorrang vor Erwägungen materieller Art. Unter diesen Voraussetzungen stehen dem Vertrag — in der Terminologie des § 54 des Verwaltungsverfahrensgesetzes 1977 — auch dann „Rechtsvorschriften entgegen", wenn einer Vereinbarung materiellrechtlich ebenso effektive, gemeinschaftsdienliche Kraft zukommen könnte wie dem Verwaltungsakt.

b) *Spezifische Voraussetzungen bei privaten Hoheitsträgern*

Der öffentlichrechtliche Vertrag zwischen *privaten* Hoheitsträgern findet seine Legitimation in der den Vertragspartnern eingeräumten, regelmäßig nach Art und Umfang beschränkten Teilhoheitskompetenz. Soweit diese reicht, ist der Private fähig, öffentlichrechtliche Willenserklärungen abzugeben. Außerhalb dieses Bereichs kann eine Vertragsregelung allenfalls dem Privatrecht angehören. Die konkrete Zulässigkeit der vertraglichen Handlungsform beurteilt sich im übrigen systematisch nach denselben Grundsätzen wie beim staatlichen Hoheitsträger. Soweit die Handlungsform des Vertrags nicht expressis verbis oder konkludent zugelassen ist, ist ein Rückgriff auf Verfassungsrecht erforderlich. Der besonders problematische Fall des Handelns im sogenannten gesetzesfreien Raum wird beim privaten Hoheitsträger indes nicht auftreten. Nach herrschender Auffassung bedarf die Einräumung privater Hoheitskompetenzen eines formalen Gesetzes[27]. Dieses Erfordernis wird sowohl mit Bezug auf den Beleihungsakt als auch hinsichtlich der Reichweite des übertragenen Hoheitsrechts an sich postuliert. Der Rückgriff auf Verfassungsrecht wird freilich in diesen Fällen dann nicht zu umgehen sein, wenn die Übertragung eines Hoheitsrechts ohne Reglementierung zugleich auch des Handlungsmittels geschieht. Diese auf eine inhaltliche Rechtsbestimmung beschränkte Beleihung ist zulässig. Für den Einsatz eines bestimmten Handlungsmittels durch die Exekutive gilt nicht a priori

---

[27] Statt aller *Wolff / Bachof*, II, 4. Aufl. 1976 § 104 mwN.

das rechtsstaatliche Bestimmtheitsgebot. Der Auswahlakt an sich beschwert den Adressaten nicht. Gleiches gilt auch für die aus dem Staatlichen Organisationsgefüge ausgegliederte Hoheitskompetenz. Ob der Beliehene den Verwaltungsakt wählt oder den Vertrag, ist dem Erklärungsempfänger — unbeschadet des Regelungsinhalts — rechtlich gleichgültig. Der Rückgriff auf die Verfassung zur Legitimation des öffentlichrechtlichen Vertrags im einzelgesetzlich zwar inhaltlich, nicht aber auch bezüglich der Handlungsform durchnormierten Bereichs ist erforderlich, wenn die Auslegung des beleihenden Rechtssatzes eine Entscheidung weder für noch gegen das vertragliche Regelungsinstrument zuläßt. In diesem Fall ist aus dem Prinzip der Gesetzmäßigkeit der Verwaltung zu Gunsten des Beliehenen die grundsätzliche Wahlfreiheit hinsichtlich der legitimen Einsetzbarkeit öffentlichrechtlicher Handlungsformen zu folgern. Es gilt hier nichts anderes als beim staatlichen Hoheitsträger.

2. Zulässigkeitsbedingungen des Regelungsinhalts

Die inhaltliche Zulässigkeit des öffentlichrechtlichen Vertrags zwischen koordinierten Hoheitsträgern läßt wenige generelle Aussagen zu. Die *Disponibilität* öffentlichen Rechts ist ganz von der Eigenart der dem Hoheitsträger zustehenden und zum Handeln legitimierenden Hoheitskompetenz abhängig. Für den staatlichen und privaten Hoheitsträger besteht insoweit kein Unterschied. Verfügung über öffentliches Recht im Sinne einer Begründung, Ausgestaltung, Modifikation oder Aufhebung ist an feste Hoheitskompetenzen gebunden[28], deren Inhalt der Gesetzgeber festlegt. Vertragliche Kompetenz- und Rechtsumordnung durch die Verwaltung ist grundsätzlich nicht möglich, sofern nicht aus der Eigenart des zu gestaltenden Rechts Ausnahmen folgen[29]. Prinzipiell ist der agierende Verwaltungsträger normativ in die Lage gesetzt, die ihm anvertrauten Verwaltungszwecke selbständig ohne — speziell vertragliche — Hilfe Dritter zu realisieren. Aus dieser rechtlichen Ausstattung ergibt sich aber nicht eine Verpflichtung zu alleiniger Aktualisierung hoheitlicher Rechte in jedem Falle. Verbinden sich zwei Hoheitsträger vertraglich zur Erfüllung öffentlichen Rechts, so muß diese Kooperation nicht a priori einen unzulässigen, weil kompetenzändernden Teilausverkauf der dem einzelnen Verwaltungsträger zur eigenen Wahrnehmung anvertrauten Hoheitsrechte darstellen. Die gemeinsame Lösung einer Aufgabe durch verschiedene selbständige Verwaltungsträger kann durchaus als legitimer Vollzug der jedem einzelnen der Beteiligten überantworteten

---

[28] Vgl. *Forsthoff*, S. 191, 192.
[29] Vgl. etwa *Beinhardt*, S. 237 mwN.

Hoheitsrechte zu werten sein. Wesentlich ist nur die Wahrung des jedem Vertragspartner aufgegebenen spezifischen Verbandsinteresses. Die aus dem Vertragsschluß resultierende partielle Einschränkung der Autonomie bezüglich des Regelungsgegenstandes kann umsomehr in Kauf genommen werden, als die Abschluß- und Gestaltungsfreiheit des Vertragsrechts durch die Wahrung des öffentlichen Wohls begrenzt ist und damit den durch die Vertragsbindung möglicherweise entstehenden Steuerungsverlust schon im Ansatz in feste Bahnen zu lenken vermag.

Soweit der private Hoheitsträger paktiert, kann nichts anderes gelten. Die Einräumung nur auf Teile hoheitlicher Kompetenzen begrenzte öffentlichrechtliche Rechtsmacht vermag nur die quantitative vertragliche Aktionsfähigkeit des Beliehenen einzuschränken, nicht aber die qualitative. Der private Hoheitsträger besitzt ein Stück öffentliches Recht, das ebenbildlich demjenigen gleicht, das als hoheitliche Regelkompetenz bei dem ursprünglich regelmäßig zuständigen staatlichen Hoheitsträger verblieben ist. Verläßt der private Hoheitsträger allerdings seinen allgemeinen hoheitlichen Kompetenzrahmen, so kann ein Vertrag allenfalls durch die bei ihm fortbestehende allgemeine Privatrechtskompetenz Rechtsverbindlichkeit erlangen. Das ist indes dann unmöglich, wenn öffentlichrechtliche Verpflichtungen oder Berechtigungen Regelungsgegenstand sind. Zur Verfügung hierüber bedarf es eines Sonderrechts. Die im übrigen zulässige Regelung privater Rechte durch den beliehenen Hoheitsträger wird daneben — ebenso wie beim staatlichen Hoheitsträger — auf seltene Ausnahmefälle beschränkt sein.

III. Der subordinationsrechtliche öffentlichrechtliche Vertrag zwischen Privaten

1. Der wissenschaftliche Streitstand

Dem Vertrag als Handlungsform zwischen dem privaten Hoheitsträger und dem Privatrechtssubjekt ohne hoheitliche Rechtsstellung sind einerseits die Zulässigkeitsstrukturen des subordinationsrechtlich öffentlichrechtlichen Vertrags unter einseitiger Beteiligung staatlicher Hoheitsträger eigen, darüberhinaus ist entsprechend dem öffentlichrechtlichen Vertrag zwischen koordinierten Partnern die durch öffentliches Recht überlagerte Privatrechtsträgerschaft des privaten Hoheitsträgers zu erfassen. Die Legitimation der vertraglichen Handlungsform im Verhältnis zwischen Hoheitsträger und Privatrechtssubjekt ist in der Wissenschaft bis heute nicht abschließend geklärt.

Es besteht eine nur schwer übersehbare Zahl dogmatischer Ansätze[30]. Teils wird der subordinative Vertrag zwischen Verwaltung und Bürger, sei es wegen angeblich mangelnder Legitimationsfähigkeit und mangelnder Spezifik[31], sei es wegen Überflüssigkeit[32] neben dem Verwaltungsakt verworfen, teil akzeptiert, entweder aufgrund konkreter Ermächtigung[33] oder soweit Rechtsvorschriften nicht entgegenstehen[34]. Letztere Auffassung hat inzwischen durch § 54 des Allgemeinen Verwaltungsverfahrensgesetzes 1977 für die Durchführung von Bundesrecht Gesetzeskraft erlangt.

Die Anerkennung der Rechtmäßigkeit des Verwaltungshandelns in Vertragsform auch außerhalb konkreter Ermächtigung wird rechtstheoretisch vornehmlich auf die „im modernen Rechtsstaat gegenüber obrigkeitsstaatlichen Vorstellungen völlig geänderten rechtlichen Stellung des früher lediglich als Verwaltungsobjekt betrachteten Bürgers" gegründet[35]; der modernen Auffassung von Verhältnis Staat — Untertan entspreche es, die Anwendung hoheitlicher (einseitiger) Mittel möglichst als letzten Ausweg vorzunehmen[36]; darüberhinaus erzwinge die Ergänzung der traditionellen Formen des Verwaltungshandelns durch einvernehmliche Rechtsakte die das Verwaltungsrecht beherrschenden Grundsätze von Treu und Glauben, der Wahrung des Grundsatzes der Verhältnismäßigkeit und das Erfordernis sorgfältiger Ermessensausübung[37]; besonders atypische, vom Gesetz tatbestandlich nicht voll erfaßte Sachverhalte zeigten das unabweisbare praktische Bedürfnis zur einverständlichen Regelung[38]. Zusätzlich wird darauf hingewiesen, daß der Vertrag seit langem fest in „Brauch und Übung" stehe[39] und seine Nichtanerkennung einer nicht zu verantwortenden Kapitulation vor der Rechtswirklichkeit gleich käme[40]; schließlich wird die rechtsfriedenstiftende Funktion des Vertrages ebenso hervorgehoben wie die Intaktheit des öffentlichen Interesses, dessen Verwirklichung durch den Einsatz des Vertrags an Stelle des Verwaltungsakts keinesfalls Schaden erleiden müsse[41].

---

[30] Siehe die Übersicht bei *Bleckmann*, VerwArchiv Bd. 63 (1972), S. 404 f.

[31] Vgl. etwa P. *Krause*, Rechtsformen, S. 216 f.

[32] So *Pieper*, DVBl 1967, 11 f. (18).

[33] *Fleiner*, Institutionen, 8. Aufl. S. 209 f.; *Stern*, S. 106 ff.

[34] So Entwurf eines VwVfG 1973, Einzelbegründung zu § 50, S. 78 mit Übersicht über den Meinungsstand.

[35] BVerwGE 23, 213 (216).

[36] *Eyermann / Fröhler*, Komm. zur VwGO, Rdnr. 10 zu § 40 VwGO.

[37] Entwurf, 1973, S. 78.

[38] Entwurf, S. 77.

[39] Vgl. *Forsthoff*, 9. Aufl., S. 264; *Bleckmann*, S. 423.

[40] Entwurf 1973, S. 77.

[41] Entwurf, ebd.

2. Legitimation der vertraglichen Handlungsform im Verhältnis Hoheitsträger — Privatrechtssubjekt

Der Vertrag zwischen Hoheitsträger und Bürger als spezielle Regelungsform bedarf wie jedes andere rechtserhebliche Handeln der Legitimation. Solange die Legitimation der Rechtswirkung des Einverständnisses nicht expliziert ist, sind Erklärungen rechtspolitischer und rechtssoziologischer Art zu vermeiden[42]. Sie können allenfalls geeignet sein, eine real vorhandene Legitimation der Vertragsform auszudeuten. Eine Klärung hat in dieser Richtung auch das Verwaltungsverfahrensgesetz 1977 nicht gebracht. Die Frage ist nunmehr, inwieweit der Vertragsform „Rechtsvorschriften entgegenstehen". Das Verwaltungsverfahrensgesetz beseitigt seither erhobene Einwände nur insoweit, als der Vertrag zwischen Hoheitsträger und Bürger *überhaupt* anerkennungsfähig ist. Die Konkretisierung der weiter zu fordernden Voraussetzungen ist weithin nach wie vor Aufgabe wissenschaftlicher Erkenntnis.

Die Frage rechtlicher Legitimation der Vertragsform hat die Rechtsqualität der beteiligten Vertragspartner zum Ausgangspunkt zu nehmen. Jenseits der den Vertragspartnern zustehenden Rechtssubstanz ist eine Bindung durch Einigung a priori ausgeschlossen. Der legitimationsfähige Rechtsfundus des beteiligten Hoheitsträgers ist die ihm eigene öffentlichrechtliche *Sonderrechtsträgerschaft* (Hoheitsträgerschaft). Seine allgemeine Privatrechtskompetenz wäre bereits im Ansatz ungeeignet, ein subordinatives Verhältnis zum Einzelnen zu begründen. Die Rechtsqualität des beteiligten Privatrechtssubjekts auf der anderen Seite ist seine Privatrechtskompetenz. Notwendige Bedingung des Eintritts vertraglicher Bindung ist die Gleichwertigkeit und Gleichberechtigung des beiderseitigen Parteiwillens hinsichtlich des Regelungsinhalts. Eine Gleichberechtigung und Gleichwertigkeit öffentlichrechtlicher kraft Hoheitskompetenz abgegebener Willenserklärungen auf der einen Seite und privatrechtlicher, kraft der allgemeinen Privatrechtskompetenz abgegebener Willenserklärungen, fehlt beim subordinativen Vertrag im Ansatz. Dem Privatrechtssubjekt steht nach bürgerlichem Recht nur die Fähigkeit zu, privatrechtliche Rechtsverhältnisse zu gestalten. Die Autonomie des Privatrechtssubjekts besteht in der Verwirklichungsfähigkeit privater Interessen. Das legitime Handlungsinstrument ist der privatrechtliche, der kraft Privatrechtskompetenz eingegangene Vertrag. Der subordinative Vertrag zwischen Privaten hingegen ist eine vom Privatrecht allein nicht legitimierte *Zwitterform*. Die auf Einigung gerichtete Willenserklärung der Privatperson ist Teil eines privatrechtlichen Vertrags. In

---

[42] Vgl. *P. Krause*, Rechtsformen, 1974, S. 218.

diesen Rahmen wird ihr Rechtsverbindlichkeit beigelegt. Beim subordinativen Vertrag steht indes dieser Willenserklärung keine solche auf Rechtsverbindlichkeit angelegte privatrechtliche Willenserklärung des Hoheitsträgers gegenüber. Vielmehr gibt der beteiligte Hoheitsträger die öffentlichrechtliche, zur Eingehung des öffentlichrechtlichen Vertrags und der Gestaltung öffentlichrechtlicher Verhältnisse geeignete Willenserklärung gegenüber dem Privaten ab. Es begegnet mithin einer Willenserklärung, die Teil einer Handlungsform des Privatrechts, nämlich des privatrechtlichen Vertrags ist, eine andere, die Teil eines Handlungsinstruments des öffentlichen Rechts — des öffentlichrechtlichen Vertrags — ist. Die Definitionsfrage kann man rein „nominell" lösen. Die herrschende Auffassung nennt den Vertrag „subordinativ öffentlichrechtlich"; nach vorliegender Konzeption müßte er bei Anlegung der üblichen Definitionsmaßstäbe gemischtrechtlich benannt werden. Die Legitimationsfrage, die Rechtsbindungsfrage indes läßt sich nur objektiv nach materiellrechtlichen Gesichtspunkten klären. Rechtsverbindlichkeit der privatrechtlichen Willenserklärung im Verein mit der öffentlichrechtlichen (Sonderrechts-) Willenserklärung ist allenfalls durch Hinzutritt weiterer, die Rechtsbindung begründender Umstände erreichbar. Die kraft der allgemeinen Privatrechtskompetenz abgegebene privatrechtliche Willenserklärung ist im Verein mit der öffentlichrechtlichen Willenserklärung irrelevant. Es gibt keinen Rechtssatz, der dieser konstruktiven Mischform per se Bindungswirkung beilegen würde. Das Privatrecht nicht, weil es nur den privatrechtlichen Vertrag kennt, das öffentliche Recht nicht, weil öffentliches Recht nur durch „öffentlichrechtliche Handlungsformen" realisiert werden kann. Privatrechtliche Handlungsformen sind, insbesondere wegen fehlender hoheitlicher Verantwortlichkeit des Handelnden, zur Gestaltung öffentlicher Rechtsverhältnisse grundsätzlich ungeeignet.

Legitimation durch Einigung im Verhältnis Hoheitsträger — Privatrechtssubjekt erfordert Gleichwertigkeit, Gleichstufigkeit der Willenserklärung durch Gleichberechtigung der Partner. Sie ist erreichbar, wenn auch nicht eo ipso gegeben. Der private Vertragspartner bedarf der Verleihung einer besonderen, über seine ihm — gleichsam in die Wiege gelegte — allgemeine Privatrechtskompetenz hinausgehende Rechtsmacht zum Vertragsschluß durch die Rechtsordnung, die das im Vertrag verkörperte Macht- und Verantwortungsgefälle zwischen öffentlichem Recht und Privatrecht ausgleicht. In diesem Zusammenhang sind drei Fragen zu klären: 1. Welcher zusätzlichen Rechtsqualität bedarf der Private, um im Verein mit dem Hoheitsträger Rechtsbindung durch Einigung erzielen zu können; 2. Bedarf es zur Einräumung dieses Rechts eines besonderen Verleihungsakts?

3. Welche Anforderungen sind an die Legalität des Verleihungsakts selbst zu stellen?

a) Die Qualität der legitimierenden Rechtsmacht: Beleihung und Erweiterung der Privatrechtskompetenz des Privatrechtssubjekts

Die erste Frage läßt sich nicht isoliert vom vertraglichen Regelungsinhalt lösen: Soweit in einem Vertrag über öffentliches Recht disponiert werden soll, kann der Private nur dann zur gleichberechtigten Mitwirkung legitimiert sein, wenn ihn ein öffentlichrechtlicher Sonderrechtssatz dazu ermächtigt. Erforderlich zur Disposition über öffentliches Recht ist *Einräumung privater Hoheitsträgerschaft;* nur dann ist der Private überhaupt fähig, kraft öffentlichen Rechts zu handeln. Die Handlungsform des Vertrages ist dann legitim einsetzbar. Das Erfordernis privater Hoheitsträgerschaft folgt aus der bereits beim — koordinationsrechtlichen — öffentlichrechtlichen Vertrag angesprochenen öffentlichrechtlichen Handlungslegitimation aus der Verfassung sowie aus der Art der sie begleitenden Verantwortlichkeit für den öffentlichrechtlichen Vertragsgegenstand. Die Disposition über öffentliches Recht setzt, wie wir wissen, die Einhaltung, die Wahrung und Realisierung öffentlichen Interesses voraus. Zur öffentlichen Interessenwahrung ist aber prinzipiell nur der Hoheitsträger verpflichtet. Für ihn gelten allein die Bindungen an Recht und Gesetz (Art. 20 GG), die das öffentliche Recht als Staatssonderrecht zwingend begleiten. Disposition über öffentliches Recht aufgrund Privatrechts hieße die Verantwortung der Staatsgemeinschaft für den Dispositionsgegenstand beseitigen. Das öffentliche Recht verlöre damit seinen „öffentlichrechtlichen" Charakter, es wäre ins Privatrecht integriert. Der Vertrag zwischen Verwaltung und Bürger ist als Handlungsform — neben den weiteren zu untersuchenden Voraussetzungen — nur dann legitimiert, wenn bei öffentlichrechtlichem Vertragsgegenstand der Bürger als *beliehener* Hoheitsträger kontrahiert[43]. In diesem Falle wird allerdings das Subordinationsverhältnis in concreto beseitigt. Beide Vertragspartner wirken aufgrund gleichwertiger öffentlichrechtlicher (hoheitlicher) Rechtsmacht auf öffentliches Recht ein. Aus dem subordinativen wird der echte koordinationsrechtliche Vertrag.

Davon auszunehmen ist der Fall, daß durch den Vertrag nur *Rechte des Privatrechtssubjekts* geregelt werden sollen (Parallelinstitut: Privatrechtsgestaltender Verwaltungsakt). Hier reicht die Privatrechts-

---

[43] Nur unter dieser Prämisse ist eine „verantwortungsteilende Einigung" wie es *Bullinger,* „Zur Notwendigkeit", S. 681, ausdrückt, möglich.

kompetenz ausnahmsweise aus. Gleiche Grundsätze gelten für den
öffentliches und privates Recht gestaltenden Vertrag, bei dem die
Ausgestaltung des öffentlichen Rechts ausschließlich einseitig dem beteiligten Hoheitsträger vorbehalten bleibt, der privatrechtliche Teil
aber von einem Konsens mit der Privatperson abhängig sein soll; in
beiden Fällen ist Einräumung privater Hoheitsträgerschaft an das
Privatrechtssubjekt aus inhaltlichen Gründen nicht erforderlich. Zur
Disposition über Privatrecht genügt Privatrecht. Das Privatrecht sieht
freilich die Möglichkeit einer Rechtsbindung durch Einigung nur vor,
wenn beide Vertragspartner privatrechtlich legitimiert sind. Die Möglichkeit, aus privatrechtlicher Machtvollkommenheit Rechtsbindung
herbeiführen zu können, erfordert damit die *Ausdehnung* der Privatrechtskompetenz auf den Fall des Subordinationsverhältnisses. Der
Private hat also nicht per se die erforderliche Rechtsmacht, Rechtsbindung durch Einigung im Zwischenbereich öffentlichen und privaten Rechts herbeizuführen. Das gilt sowohl für die Einräumung privater Hoheitsträgerschaft, wie für die erforderliche Ausdehnung der
Privatrechtsmacht zur Verfügung über privates Recht im Subordinationsverhältnis.

b) Der Verleihungsakt

Die Verleihung der Abschlußkompetenz des Privatrechtssubjekts
zum Pakt mit dem Hoheitsträger ist nach nahezu unbestrittener Auffassung in jedem Fall direkt durch *Gesetz* möglich. Dementsprechend
hat der Gesetzgeber bereits eine Vielzahl Gesetze erlassen, in denen
die Verwaltung mit dem Bürger kooperiert[44]. Außerhalb konkreter
gesetzlicher Ermächtigung kann nur dem *Einzelakt* eine legitime Er-
mächtigungsfunktion zukommen. Aus eigener Rechtsmacht ist der
Bürger nicht befähigt, den Vertrag mit der Verwaltung an Stelle des
Verwaltungsakts zu wählen. Ein solcher aktiver Status kommt dem
Bürger auch nicht unmittelbar aufgrund einer „im modernen Rechtsstaat gegenüber obrigkeitsstaatlichen Vorstellungen geänderten Stellung zum Staat" zu[45]. Die Verwaltung kann, ohne durch die Rechtsstellung des Einzelnen gebunden zu sein, in freier, unbeeinflußter
Entscheidung die einseitige Regelung, den Verwaltungsakt als Regelungsform jederzeit legitim vorziehen. Das Privatrechtssubjekt hat kein
Recht auf Vertragsschluß, wenn es ihm nicht konkret zugestanden
wird. Daran ändert auch die generelle Anerkennungsfähigkeit
des Vertrags zwischen Verwaltung und Bürger durch die bislang erlassenen Verwaltungsverfahrensgesetze nichts. Nur dem beteiligten

---

[44] Vgl. die Übersicht im Entwurf eines VwVfG 1973, Einzelbegründung
zu § 50, S. 78.
[45] So aber BVerwG, BVerwGE 23, 213 (216).

Hoheitsträger wird das Bestimmungsrecht über den Einsatz der Vertragsform vorbehalten.

Geeigneter, wenn auch verdeckter Ansatzpunkt ist das *Vertragsangebot* des beteiligten Hoheitsträgers. Ihm vermag eine *Doppelnatur* zuzukommen. Neben seiner Eigenschaft als vertragliche Willenserklärung enthält das Vertragsangebot zugleich eine Ermächtigung des privaten Erklärungsempfängers durch den Hoheitsträger zur gleichberechtigten Teilnahme am Vertrag. Der private Vertragspartner wird zugleich durch das Vertragsangebot zum Vertragsbeschluß durch den Hoheitsträger kraft öffentlichen Rechts legitimiert. Im Vertragsangebot liegt der Sache nach zugleich ein Verwaltungsakt, der das Privatrechtssubjekt am Vertrag beteiligungsfähig macht. Der Privatperson wird eine Rechtsstellung eingeräumt, die sie subordinativ handlungsfähig macht. Zum Vertrag über öffentliches Recht wird ein öffentlichrechtliches Sonderrecht verliehen, zum Vertrag über Rechte der Privatperson oder öffentliche Rechte, die ins Privatrecht „entlassen" wurden, ein zusätzliches privates Recht eingeräumt und mithin die allgemeine Privatrechtskompetenz um ein Recht erweitert, das die Rechtsverbindlichkeit der Einigung vermittelt. Der Verleihungsakt verbessert die Rechtsstellung des Privaten und erfüllt somit die Tatbestandsvoraussetzungen eines formell begünstigenden, bei Verträgen über private Rechte „privatrechtsgestaltenden" Verwaltungsakts.

c) Dogmatische Grundlagen des Verleihungsakts

Als begünstigender Verwaltungsakt bedarf der Legitimationsakt selbst rechtlicher Legitimation. Soweit „Rechtsvorschriften nicht entgegenstehen", genügt für den Geltungsbereich der erlassenen Verwaltungsverfahrensgesetze des Verweis auf die dort getroffene Regelung. Im übrigen ist auf die in der traditionellen Lehre entwickelten Grundsätze zum Grundsatz *der Gesetzmäßigkeit der Verwaltung* zu rekurrieren[46]. Danach ist für den begünstigenden Verwaltungsakt prinzipiell nicht in jedem Falle eine konkrete formellgesetzliche Ermächtigungsgrundlage erforderlich[47]. Es gilt hier nur der Vorrang des Gesetzes. Das Gesetz hat nach Art. 20 GG Vorrang vor allen übrigen staatlichen Akten, weil es auf der Grundlage unmittelbarer demokratischer Legitimation und in demokratischen Formen politischer Willensbildung zustande gekommen ist und weil sein Vorrang Voraussetzung seiner

---

[46] Vgl. dazu *Maunz / Dürig / Herzog*, Rdnr. 136 zu Art. 20 GG; *Hesse*, Grundzüge, 7. Aufl. 1974, S. 205, FN 9.

[47] Vgl. *Maunz / Dürig / Herzog*, Rdnr. 136; differenzierend *Beinhardt*, S. 219/220.

rationalisierenden freiheitssichernden Wirkung ist[48]. Vorrang des Gesetzes ist auch Vorrang der Verfassung[49]. Kein staatlicher Akt darf sich mit ihr in Widerspruch setzen. Verwaltungshandeln ist auch zugleich Aktualisierung, Vollzug der Verfassung; auch aus diesem Grund haben sich begünstigende Rechtsakte mit den Verfassungsgrundsätzen in Einklang zu halten. Die Kernfrage lautet danach: Gestattet die Verfassung — außerhalb konkreter Ermächtigung — dem Hoheitsträger prinzipiell die Beteiligung des Bürgers an der Verwaltung? Soweit der Bürger willensautonom in die Realisierung öffentlicher Interessen eingespannt werden soll, muß ihm, wie wir gesehen haben, ein öffentlichrechtliches Sonderrecht eingeräumt werden, er muß generell oder ad hoc beliehen werden. Nur so kann er zur Wahrung des Gemeinwohls gebunden werden. Eine gleichwertige, dem Allgemeininteresse unterworfene Willenserklärung abzugeben ist er sonst nicht verpflichtet, ja nicht einmal berechtigt. Beleihung ist indes nach neuester Auffassung[50] nur aufgrund ausdrücklicher gesetzlicher Ermächtigung zulässig. Sie enthält eine — gleichsam systemwidrige — Ausgliederung von Hoheitsrechten aus dem staatlichen Organisationsgefüge und bedarf im Einzelfall konkreter demokratischer Legitimation. Andernfalls läge in der Tat die Gefahr der von der Wissenschaft im Zusammenhang mit der Vertragszulassung für unzulässig gehaltene „Ausverkauf von Hoheitsrechten"[51] nahe. Demokratischer Legitimation ist der „Verkauf" von Hoheitsrechten nur dann fähig, wenn der „Erwerb" des verkauften Hoheitsrechts durch den Bürger als Gegenstück auf der anderen Seite in gleicher Weise wie der Verkauf legitimiert ist. Das geschieht in Form der Beleihung durch förmliches Gesetz[52]. Ein förmliches Gesetz ist in diesem Falle darüber hinaus auch deshalb zu fordern, weil die partielle Ausgliederung von Hoheitskompetenzen aus dem Staatsgefüge wesentliche Bedeutung für die Wahrung des öffentlichen Interesses erlangen kann. Eine Verlagerung öffentlicher Machtausübung in das Vorfeld des Staatlichen, das Private, birgt Gefahren für das Erfordernis der Objektivität und Uneigennützigkeit hoheitlicher Tätigkeit. Allenfalls in Bagatellfällen erschiene die Befreiung vom Einzelgesetz gerechtfertigt[53]. Soweit zum Zwecke der Er-

---

[48] *Hesse*, S. 205.

[49] Derselbe, S. 81.

[50] Vgl. *Wolff*, II, § 104.

[51] Dazu Entwurf 1973, S. 79.

[52] Dem Vorschlag des Textes nähert sich an einer Stelle *Stern*, VerwArchiv 1958, S. 142: „Eine gewisse Parallelität ... zeigt ... die Rechtsfigur des beliehenen Unternehmers ... Wie sich der Staat beim beliehenen Unternehmer einer ihm zustehenden Ausübung hoheitlicher Gewalt begibt, so verzichtet er beim öffentlichrechtlichen Vertrag auf die Geltendmachung seiner Subjektionsbefugnisse". Weitere Konsequenzen zieht Stern freilich nicht.

[53] Vgl. zum Vorrang des Gesetzes in Bagatellfällen, *Beinhardt*, S. 219.

möglichung rechtlicher Bindung des Privaten seine *Privatrechtskompetenz erweitert* wird, erscheint ein formelles Gesetz als Begünstigungsgrundlage hier *nicht* notwendig. Die Gestattung der Regelung ausschließlich privater Rechte im verein mit dem Hoheitsträger, sei es isoliert, sei es im Zusammenhang mit der Regelung öffentlichen Rechts, stellt nur die Einräumung einer „formellen Berechtigung" des Privaten zum Zwecke der Herbeiführung der Bindungswirkung der Einigung dar, ohne den Handelnden an das öffentliche Interesse zu binden. Diese Rechtsstellung vermag die Exekutive von Fall zu Fall bei Vorliegen sachlicher Gründe ohne konkrete Gesetzesgrundlage zu verleihen. Es geht dabei nur um die Schaffung bzw. die Wahl einer adaequaten Handlungsform. Hierin ist die Verwaltung frei, soweit nicht der Verwaltungsakt zwingend vorgeschrieben ist. In diesem Rahmen stehen — auch außerhalb des Geltungsbereichs der erlassenen Verwaltungsverfahrensgesetze — der Erweiterung der allgemeinen Privatrechtskompetenz durch Einzelakt zu Gunsten der vertraglichen Handlungsform *„Rechtsvorschriften nicht entgegen"*.

Die rechtstheoretische Begründung der Legitimation durch Einigung gilt für den Vertrag des staatlichen Hoheitsträgers mit dem Bürger ebenso wie für den Vertrag des privaten Hoheitsträgers mit dem Privatrechtssubjekt. Besonderheiten ergeben sich im letzteren Fall nur aus der *Doppelrechtsträgerschaft* des privaten Hoheitsträgers. Die Ermächtigung des Bürgers zum Vertragsschluß durch den privaten Hoheitsträger steht der Ermächtigung durch den staatlichen Machthaber qualitativ gleich, sofern nur die Legitimationsvoraussetzungen im übrigen gegeben sind. Die Doppelrechtsträgerschaft erfordert freilich im Einzelfall die genaue Abgrenzung der Reichweite der dem Beliehenen übertragenen Hoheitsgewalt. Jenseits seiner öffentlichrechtlichen Handlungsfähigkeit ist eine Legitimation des Bürgers durch öffentlichrechtlichen Einzelakt durch den privaten Hoheitsträger nicht möglich; in diesem Bereich gilt Privatrecht, aufgrund dessen der privatrechtliche Vertrag eingegangen wird[54].

3. Vertragsgegenstand und Legitimation

Neben dem Problem der Legitimationsfähigkeit der Handlungsform des Vertrags zwischen hoheitlicher Verwaltung und Bürger steht die Frage nach dem zulässigen Vertragsinhalt.

---

[54] Vgl. dazu 5. Kapitel, I.

a) Keine Dispositionsbefugnis des Privatrechtssubjekts über öffentliches Recht im verein mit dem Hoheitsträger

Für die Begründung, Ausgestaltung, Konkretisierung und Aufhebung öffentlichrechtlicher Verpflichtungen oder Berechtigungen bedarf es hoheitlicher Parteilegitimation. Dieses Erfordernis wurde bereits im Zusammenhang mit dem privatrechtlichen und koordinationsrechtlichen öffentlichrechtlichen Vertrag hervorgehoben. Beim subordinativen Vertrag ändert sich an diesem Grundsatz auch nicht insoweit etwas, als die hoheitliche, an Recht und Gesetz gebundene Vertragsteilnahme immerhin durch *einen* der Vertragspartner garantiert wird. Gemeinsame Gestaltung öffentlichen Rechts verlangt *gemeinsame* hoheitliche Verantwortung. Diese kann dem Bürger in seiner Position als Privatrechtssubjekt weder aufgrund seiner veränderten Stellung gegenüber dem Untertan obrigkeitsstaatlicher Prägung aufgebürdet werden, noch durch „Brauch und Übung", wenn er nicht zugleich als Beliehener in das hoheitliche Staatsgefüge hineingenommen wird. Jede andere Konstruktion wäre ein untauglicher Versuch, den Bürger am Verfassungsvollzug legitim zu beteiligen. Ohne seine Einbindung in die Rechtsordnung des öffentlichen Rechts fungiert der Bürger ausschließlich als privater Interessenträger. Seine Vertragsteilnahme beschränkt sich auf Verfolgung individuell vorgeprägter Zielsetzungen.

b) Die Kompetenz des Privatrechtssubjekts zur Regelung privater Rechte

Das ausschließlich individuell ausgerichtete Vertragsinteresse des Privatrechtssubjekts läßt nur dann dessen inhaltliche Einflußmöglichkeit zu, wenn Regelungsgegenstand zumindest partiell Rechtspositionen, die *jedermann* zustehen, sind, oder anders ausgedrückt, wenn Regelungsinhalt privates Recht oder „privatrechtsintegriertes öffentliches Recht" ist, dessen Sonderrechtseigenschaft aufgegeben ist. An dieser Stelle ist für eine dogmatische Erfassung des subordinativen Vertrages anzusetzen. Der Vertrag zwischen Verwaltung und Bürger als Privatrechtssubjekt enthält nämlich in aller Regel teils öffentlichrechtliche Regelungen, teils privatrechtliche Regelungen. Beides ist *nach isolierender Betrachtungsweise* zu qualifizieren. Soweit eine konkrete Vertragsregelung kraft Privatrecht eingegangen wird, ist sie insoweit ausschließlich am privaten Recht zu messen, im übrigen öffentlichrechtlich. Die Rechtsprechung beispielsweise gelangt, insbesondere bei der Qualifikation von Austauschverträgen immer wieder an einen Punkt, an dem sie Zweifel hegt, ob die vom „privaten Vertragspartner" übernommene Verpflichtung begrifflich einer privatrechtlichen Beurteilung entzogen sei"[55]. Regelmäßig wird — und dies

schon im Stadium der Einordnungsfrage — die privatrechtliche Be-
gründbarkeit nicht a priori verworfen, sondern nur durch einen Kunst-
griff überspielt. „Selbst wenn eine Verpflichtung des Privatrechtssubjekts, etwa die freiwillige Zahlung einer Geldsumme für Folgekosten
der Gemeinde im Zusammenhang mit der Erschließung eines Baugebiets
privatrechtlich sein könne, so müsse sie doch wegen des untrenn-
baren Zusammenhangs mit der öffentlichrechtlichen Leistung der
Verwaltung als öffentlichrechtlich beurteilt werden[56]. Diese ganzheit-
liche Betrachtungsweise ist geeignet, die wesentlichen Legitimations-
unterschiede einzelner Vertragsregelungen innerhalb eines einheitlichen Vertrags in unzulässiger Weise zu verwischen. Der Gesichtspunkt des Sachzusammenhangs kann für sich allein keine legitima-
tionsändernde Wirkung entfalten; aus einer kraft Privatrecht übernommenen Verpflichtung kann keine öffentlichrechtliche werden,
wenn nicht zugleich auch der Legitimationsgrund ausgetauscht wird.
Austausch des privatrechtlichen Legitimationsgrundes gegen einen
öffentlichrechtlichen Legitimationsgrund setzt aber „Beleihung" des
Privaten voraus. Richtigerweise ist die von der Privatperson ohne
diese hoheitliche Stellung eingegangene Verpflichtung, etwa zur Geld-
zahlung, kraft Privatrechts eingegangen, die korrespondierende Verpflichtung des Hoheitsträgers kraft öffentlichen Rechts. Beide Verpflichtungen folgen eigenen inhaltlichen Zulässigkeitskautelen. Der
Private ist hinsichtlich einer etwa übernommenen Verpflichtung den
Handlungsgrundsätzen des Zivilrechts unterworfen. Er darf um die
Art und Höhe seiner zu erbringenden Gegenleistung bis an die
Grenze der Sittenwidrigkeit und speziell des Wuchers feilschen[57],
er ist insoweit legitimiert, allein sein Privatinteresse zu verfolgen;
für ihn herrscht Abschluß- und Gestaltungsfreiheit. Der beteiligte Hoheitsträger hingegen ist befugt, — kraft öffentlichen Rechts handelnd
— öffentliches Recht zu regeln und verpflichtet, es zu beachten. Für
ihn wird die inhaltliche vertragliche Gestaltungsfreiheit zu Gunsten
einer durchgängigen Bindung an Recht und Gesetz verdrängt, wobei
insbesondere von dem beteiligten Hoheitsträger die Regelungen der
Verwaltungsverfahrensgesetze zu beachten sind[58]. Im übrigen wird
der öffentlichrechtliche Vertragsteil autonom vom Hoheitsträger fest-
gelegt, der privatrechtliche Teil autonom vom Privatrechtssubjekt.
Aus gemeinsamer beim Privatrechtssubjekt freilich abgeleiteter
Rechtsmacht resultiert nur die vertragliche *Rechtsbindung* beider

---

[55] Vgl. etwa BVerwGE 42, 331 = DVBl 1973, 800; BGHZ 56, 365, 373; auch
BGHZ 32, 214 f.

[56] Vgl. dazu die Urteilsbesprechung v. *Selmer* JUS 1974, S. 56/57.

[57] Insoweit sind die Bedenken *Bullingers*, Vertrag und Verwaltungsakt,
S. 256, gegenstandslos.

[58] Vgl. etwa Entwurf 1973, S. 79, sowie die Vorschriften des Verwaltungsverfahrensgesetzes 1977, §§ 54 ff.

Teile. Darin unterscheidet sich der Vertrag vom Verwaltungsakt unter Mitwirkung des Bürgers. Letzterer läßt nur eine konditionale Verknüpfung zwischen Leistung und Gegenleistung zu; ersterer hingegen gestattet eine kausale, insbesondere von beiden Seiten auch selbständig erzwingbare.

Diese hier vorgeschlagene isolierende Betrachtungsweise entwirrt den Streit um das angebliche Erfordernis eines Gesetzesvorbehalts, soweit der Bürger vertragliche Verpflichtungen eingeht. Einerseits wird vertreten, der subordinationsrechtliche öffentlichrechtliche Vertrag unterliege insoweit nicht dem allgemeinen Erfordernis einer formalgesetzlichen Grundlage für Eingriffe in Freiheit und Eigentum[59]; angesichts der einverständlichen Mitwirkung der am Vertrag Beteiligten komme es zumindest nicht in dem Sinne zu Eingriffen, in dem dies bei jenem Erfordernis vorausgesetzt werde[60]. Andererseits wird erklärt, das Prinzip „volenti non fit iniuria" könne mangels Autonomie für die Verwaltung nicht gelten[61]. Das Freiwilligkeitsprinzip wird durch die dem vertragsbeteiligten Bürger zustehende und den Legitimationsgrund für die von ihm eingegangene Verpflichtung enthaltende allgemeine Privatrechtskompetenz getragen. Die Verpflichtung wird durch die Verwaltung nicht im Sinne eines Eingriffs auferlegt, sondern vom Bürger kraft Privatautonomie übernommen. Damit erübrigt sich die Beachtung des Gesetzesvorbehalts. Legitime Aufgabe der Verwaltung innerhalb des subordinativen Vertrags ist es, den Bürger durch Regelung öffentlichen Rechts zu begünstigen; zulässige Aufgabe des Bürgers ist es, sich kraft Privatrechts frei und ungezwungen zu verpflichten; Entsprechendes gilt im Umkehrverhältnis.

Der zulässige vertragliche Regelungsinhalt im einzelnen ist jeweils *getrennt* nach der Qualität der im einzelnen begründeten Rechte festzustellen. An die Verwaltung ist der Maßstab öffentlichen Rechts, der insbesondere Gesetzesvollzug, Gleichbehandlung wesentlich gleicher Fälle, Beachtung des Übermaßverbots, Verbot sachwidriger Koppelungen erfordert, anzulegen[62]; an das Privatrechtssubjekt daneben der Maßstab des Privatrechts. In diesem Rahmen läßt konkrete Aussagen nur der Einzelfall zu.

IV. Der gemischte Vertrag zwischen Privaten

Oben wurde der Begriff „gemischtrechtlicher Vertrag" auf die Fälle beschränkt, in denen eine Vertragspartei innerhalb eines ein-

---

[59] Vgl. dazu allgem., *Selmer*, JUS 1968, 489 f.
[60] BVerwGE 42, 331 = DVBl 1973, 800.
[61] *P. Krause*, Rechtsformen, S. 221.
[62] Vgl. dazu BVerwG, ebd., sowie § 55 f. Verwaltungsverfahrensgesetz 1977.

heitlichen Vertrags sowohl ihre Privatrechtssubjektivität als auch ihre Hoheitsträgerschaft einsetzt. Für die Lösung der Zulässigkeitsfrage ist eine *Trennung* der einzelnen — unterschiedlich legitimierten — Vertragsteilregelungen vorzunehmen[63]. Der Gesamtvertrag ist in einzelne „Teilregelungen" zu zerlegen. Je nach der Qualität des Legitimationsgrundes beurteilt sich die Zulässigkeit. Es gelten — nach durchgeführter Trennung — für den öffentlichrechtlichen Vertragsteil die Zulässigkeitsvoraussetzungen des öffentlichen Rechts, für den privatrechtlichen Vertragsteil die des Zivilrechts. Insoweit kann auf die Darlegungen zum öffentlichrechtlichen und privatrechtlichen Vertrag, soweit ein solcher je in isolierter Form eingegangen wird, verwiesen werden; Besonderheiten finden sich darüberhinaus nicht.

V. Zusammenfassung zur Zulässigkeit

1. Die Legitimation des privatrechtlichen Vertrags

Das Rechtssubjekt des Privatrechts ist prinzipiell legitimiert, den privatrechtlichen Vertrag einzugehen, soweit das Zivilrecht nicht einseitiges oder nicht auf vertragstypischer Einigung beruhende Handlungsformen vorschreibt. Eine *Verfügung über öffentliches Recht* ist kraft Privatrechts *nicht* möglich. Hierzu bedarf es (privater) Hoheitsträgerschaft, eines Sonderrechts. Insoweit gilt der Satz von der Strukturgleichheit von modifizierendem Rechtsakt und seinem Regelungsgegenstand. Zulässig ist der privatrechtliche Vertrag über öffentliches Recht allenfalls dann, wenn das zur Disposition gestellte Recht seines öffentlichrechtlichen Charakters verloren hat und legitim ins Privatrecht übergesiedelt ist. Zulässig ist der privatrechtliche Vertrag inhaltlich auch dann, wenn öffentliches Recht nur Anknüpfungstatbestand zivilrechtlicher Leistungsbeziehungen ist (Fälle interner Rechts- oder Pflichtübernahmen). Dies gilt allerdings nur insoweit, als nicht das öffentliche Recht auch das Innenverhältnis bestimmt.

2. Die Legitimation des — koordinationsrechtlichen — öffentlichrechtlichen Vertrags

Die *Handlungsform* ist zulässig, wenn die beteiligten Privatrechtsträger zugleich beliehene Hoheitsträger sind und kraft dieses Rechts

---

[63] So auch *Stern*, Archiv für öffentliches Recht Bd. 84 (1959), S. 312 f., 323, 325: „Ein an sich öffentlichrechtliches oder privatrechtliches Rechtsverhältnis kann nicht dadurch, daß es mit privatrechtlichen oder öffentlichrechtlichen Rechtsverhältnissen zusammengebaut ist, seine wahre Rechtsnatur ändern; vgl. auch *Clasen*, DöV 1959, S. 281.

paktieren. Als Beliehene sind sie fähig, hoheitliche, kraft öffentlichen Rechts vertragsrelevante Willenserklärungen abzugeben und sich gegenseitig vertraglich zu binden. Eine formellgesetzliche Ermächtigungsgrundlage zum Vertragsschluß ist nicht erforderlich. Kraft verfassungsrechtlich abgesicherter Handlungsautonomie sind sie im Rahmen des § 54 VwVfG in der Lage, adaequate rechtliche Gestaltungsformen zu schaffen und zu wählen.

Inhaltlich können sie über öffentlichrechtliche Verpflichtungen oder Berechtigungen verfügen, soweit der Inhalt der sie ermächtigenden Hoheitskompetenz im einzelnen reicht.

3. Die Legitimation des subordinationsrechtlich öffentlichrechtlichen Vertrags

Am subordinationsrechtlich öffentlichrechtlichen Vertrag nimmt der Bürger als Privatrechtssubjekt teil; der Staat oder der Private auf der Gegenseite als Hoheitsträger.

Die Legitimation der Bindung durch Einigung wird dem Bürger durch den Hoheitsträger im Rahmen des § 54 VwVfG von Fall zu Fall eingeräumt. Der Bürger besitzt sie aufgrund seiner allgemeinen Privatrechtskompetenz per se nicht. Das Vertragsangebot des Hoheitsträgers hat insoweit *Doppelnatur;* es enthält zugleich einen Rechtsverleihungsakt. Der Verleihungsakt ist begünstigender Verwaltungsakt, der verfassungsrechtlich zulässig ist.

Soweit der Privatperson die Rechtsmacht zur Verfügung über öffentliches Recht eingeräumt werden soll, ist *Beleihung* zwingend erforderlich. Für sie gilt nach herrschender Auffassung das Prinzip des Gesetzesvorbehalts. Soweit nur über Privatrecht disponiert werden soll, genügt eine *Erweiterung* der allgemeinen *Privatrechtskompetenz* durch privatrechtsgestaltenden Verwaltungsakt, indem dem Privatrechtssubjekt die Fähigkeit verliehen wird, Rechtsbindung durch Einigung mit einem Hoheitsträger zu erzielen. Insoweit ist ein Gesetzesvorbehalt verfassungsrechtlich nicht erforderlich.

Im übrigen ist die Vertragsteilnahme des Hoheitsträgers auf der einen Seite und des Privatrechtssubjekts je *isoliert* zu beurteilen. Das Privatrechtssubjekt unterliegt den Handlungsgrundsätzen des Privatrechts, der Hoheitsträger den Handlungsprinzipien des öffentlichen Rechts. Übernimmt der Private eine vertragliche Verpflichtung, so gilt für ihn der Grundsatz zivilrechtlicher Abschluß- und Gestaltungsfreiheit. Das Prinzip des Gesetzesvorbehalts kommt schon ohne Rückgriff auf den Grundsatz „volenti non fit iniuria" nicht zum Einsatz.

Die dem Hoheitsträger vorbehaltene öffentlichrechtliche Vertragsregelung regiert nicht die zivilrechtliche Vertragsfreiheit, sondern
die öffentlichrechtliche Bindung an Recht und Gesetz.

Inhaltliche Grenzen der Disposition über öffentliches Recht folgen
aus der Eigenart der die Verwaltung zum Handeln ermächtigenden
Hoheitskompetenz, den allgemeinen Grundsätzen des öffentlichen
Rechts (Verhältnismäßigkeit, Treu und Glauben, Gleichheitssatz)[64],
und den in den Verwaltungsverfahrensgesetzen getroffenen Regelungen.

---

[64] Vgl. im einzelnen die zitierte Entscheidung BVerwGE 42, 331.

5. Kapitel

Die anzuwendenden Vertragsregeln

I. Der privatrechtliche Vertrag

Der Vertrag zwischen Privatpersonen über öffentlichrechtliche Verpflichtungen und Berechtigungen ist als privatrechtlicher Vertrag generell unzulässig. Aussagen über das im einzelnen gültige Vertragsrecht läßt nur der privatrechtliche Vertrag zu, für den öffentliches Recht nur Anlaß, nur Annextatbestand zur Regelung zivilrechtlicher Leistungsbeziehungen ist. Er unterliegt durchgängig in Handlungsform und Regelungsinhalt den Regeln des bürgerlichrechtlichen Normkomplexes. Die Grundsätze des bürgerlichen Rechts finden auch dann uneingeschränkt Anwendung, wenn ein der vertraglichen Regelung anheimgegebenes öffentliches Recht durch Preisgabe hoheitlicher Verantwortlichkeit legitim ins Privatrecht übersiedelt. Der Vertrag ist als zivilrechtlicher Pakt über privates Recht zu qualifizieren. Das *Privatrecht* bestimmt seine Regeln.

II. Der koordinationsrechtliche öffentlichrechtliche Vertrag

Soweit das Rechtssubjekt des Privatrechts aufgrund einer ihm zusätzlich verliehenen Rechtsposition als beliehener Hoheitsträger mit seinesgleichen paktiert, ist ein Vertrag über öffentliches Recht öffentlichrechtlicher Natur. Als öffentlichrechtlich legitimierter Vertrag bestimmt das Legitimationsrecht seine Regeln. Das im einzelnen anwendbare Vertragsrecht des öffentlichrechtlichen Vertrags zwischen Hoheitsträgern ist weitgehend der Erarbeitung durch die Wissenschaft überlassen[1]. Der Gesetzgeber gibt nur beschränkt Hilfen. Auch das Verwaltungsverfahrensgesetz 1977 beschränkt sich in den §§ 57 - 62 auf wenige konkrete Regeln[2]. In § 62 ist eine ergänzende Anwendung von Vorschriften des Bürgerlichen Gesetzbuches vorgesehen, soweit die in den

---

[1] Vgl. im einzelnen *Wolff / Bachof*, § 44 II, III.

[2] Siehe aber im Gegensatz hierzu den detaillierten Regelungsansatz in Art. 188 - 220 EVRO Württ., 1931.

einzelnen Bestimmungen zum Ausdruck kommenden Rechtsgedanken, denen teils der Charakter besonderer Rechtsgrundsätze, teils allgemeiner Gesetzesgedanken innewohnt, auf die Interessenlage im öffentlichen Recht übertragungsfähig seien[3]. So werden denn auch in Anlehnung an das bürgerlichrechtliche Vertragsrecht[4] durch die Wissenschaft mannigfaltige Einzelregeln entworfen, die allerdings jeweils nur teilweise uneingeschränkte Anerkennung gefunden haben[5]. Einigkeit besteht jedenfalls im Ansatz, als die dogmatische Trennung zwischen öffentlichem und Privatrecht und die Beteiligung öffentlicher Interessen im öffentlichen Vertragsrecht eine Anwendbarkeit der Regeln des Zivilrechts allenfalls entsprechend zuläßt. Jede einzelne Vorschrift ist auf ihre Vereinbarkeit mit den Grundsätzen des öffentlichen Rechts zu überprüfen[6]. Soweit eine zivilrechtliche Vorschrift Ausfluß der parteilichen Privatautonomie ist, bedarf sie hinsichtlich ihrer Rechtsfolgen einer Anpassung an die spezifische öffentliche Interessenlage[7]. Den das Zivilrecht beherrschenden Grundsatz der vertraglichen Formfreiheit etwa verträgt das öffentliche Recht nur schlecht. Im öffentlichen Recht steht das Wohl der Gemeinschaft im Vordergrund; den öffentlichen Funktionsträger trifft im Gegensatz zum Einzelnen ein ungleich größeres Maß an Verantwortlichkeit. Damit wird es unabdingbar, sichere Beweislagen zu schaffen. Darüber hinaus wechselt bei einem öffentlichen Verwaltungsträger zwar nicht die Rechtsträgerschaft als solche, aber doch öfters der handelnde Organwalter. Die Einführung des Formzwangs erscheint danach erforderlich[8].

Soweit an einem öffentlichrechtlichen Vertrag ausschließlich Privatpersonen beteiligt sind, werden die für den öffentlichrechtlichen Vertrag unter staatlicher Beteiligung durch die Wissenschaft erarbeiteten Regeln teilweise modifiziert. Vom Formzwang etwa, der für öffentlichrechtliche Verträge im allgemeinen postuliert wird, wird der öffentlichrechtliche Vertrag unter ausschließlicher Beteiligung von Privatpersonen ausdrücklich ausgenommen[9]. Öffentlichrechtliche Verträge zwischen Privaten würden im überwiegend privaten Interesse einge-

---

[3] Vgl. Entwurf 1973, Einzelbegründung zu dieser Vorschrift, S. 83.

[4] Die Lehre unterscheidet zwischen dem Rückgriff auf Rechtsgrundsätze und allg. Gesetzesgedanken die im öffentlichen Recht und Privatrecht in gleicher Weise gelten und der Analogie zu bürgerlichrechtlichen Normen bei Kongruenz zwischen privat- und verwaltungsrechtlicher Interessenlage, vgl. dazu *Stürner*, JUS 1973, 749 (750) mwN. Essentiell bestehen zwischen beidem indes nur graduelle Unterschiede, vgl. *Stürner*, ebd.

[5] Vgl. die Übersicht bei *Wolff / Bachof*, § 44 mwN.

[6] *Kellerhals*, S. 90 f.; *Imboden*, S. 94.

[7] *Wolff / Bachof*, § 44 III Vorbem.

[8] Vgl. dementsprechend § 57 Verwaltungsverfahrensgesetz 1977.

[9] So etwa *Ruppert*, S. 14.

gangen; ein Bedürfnis der Öffentlichkeit an Offenlegung und Beweisbarkeit des Vertragsinhalts entfalle damit[10]. Die Abwicklung des öffentlichrechtlichen Vertrags unter Beteiligung staatlicher Hoheitsträger wird einer gegenüber dem privatrechtlichen Vertrag extensiven Anwendbarkeit des Regelungsgrundsatzes „clausula rebus sic stantibus" unterworfen. Bei öffentlichrechtlichen Verträgen zwischen Privaten soll aufgrund der dominierenden privatbestimmten Interessenlage dagegen die Preisgabe eines Vertragsanspruchs generell einzuschränken sein[11].

Vorstehende Auffassungen sind prinzipiell *nicht* aufrecht zu erhalten. Private können in ihrer Eigenschaft als Rechtssubjekte des Privatrechts allein niemals als Vertragspartner an öffentlichrechtlichen Verträgen beteiligt sein. Immer ist zur Abgabe öffentlichrechtlicher Willenserklärungen eine partielle Überlagerung ihrer Rechtsstellung durch öffentlichrechtliches Sonderrecht erforderlich. Die hoheitliche Rechtsstellung des Privatrechtssubjekts entspricht qualitativ der staatlichen Regelkompetenz. Ein Sonderstatus privater Hoheitsträgerschaft ist danach durch nichts zu rechtfertigen. Wälzt der Staat einen Teil hoheitlicher Kompetenzen auf einen privaten Rechtsträger ab, so vermag er sich weder der Bindungen zu entledigen, die zur Ausübung der Hoheitskompetenz durch den staatlichen Funktionsträger selbst Geltung fordern, noch darf das allgemeine Vertragsrecht modifiziert werden. Abweichungen in der Behandlung öffentlichrechtlicher Verträge zwischen Privaten verbieten sich generell. Bei ihnen ist das öffentliche Interesse mit nicht geringerer Intensität beteiligt, als beim Vertrag unter staatlicher Beteiligung. Weder die privatrechtliche Rechtssubjektivität noch eine besondere Interessenlage erlauben eine Sonderbehandlung öffentlichrechtlicher Verträge unter ausschließlich privater Beteiligung. Richtschnur ist allein die Hoheitsträgerschaft, welche beim Beliehenen wie beim staatlichen Hoheitsträger besteht. Auch an öffentlichrechtliche Verträge zwischen Privatpersonen sind erhöhte Formanforderungen zu stellen; die für den öffentlichrechtlichen Vertrag unter Beteiligung staatlicher Hoheitsträger gültigen spezifischen Voraussetzungen des Berufungsrechts auf den Wegfall der Vertragsgrundlage sind auch auf den öffentlichrechtlichen Vertrag zwischen Privaten anzuwenden. *Differenzierungen* nach der allgemeinen Rechtsqualität der Beteiligten *verbieten* sich ausnahmslos[12].

---

[10] Derselbe, ebd.

[11] *Eckert*, Leistungsstörungen, DVBl 1962, 11, (16 aE, 17).

[12] Vgl. so wie hier: *Nick*, Das Jagdrecht in Bayern, 9. Aufl. 1972, S. 48 für den als öffentlichrechtlich qualifizierten Vertrag zwischen privaten Eigenjagdbesitzern.

III. Der subordinationsrechtliche
öffentlichrechtliche Vertrag zwischen Privaten

1. Allgemeine Grundsätze

Ist der koordinationsrechtliche öffentlichrechtliche Vertrag unter ausschließlicher Beteiligung von Hoheitsträgern durch eine durchgängige Geltung der Regeln öffentlichen Rechts gekennzeichnet, die den Hoheitsträgern als sein Amtsrecht zwingend begleiten, so ist diese Geltung beim subordinativen Vertrag personell eingeschränkt. Für den vertragsbeteiligten Hoheitsträger gilt öffentliches Recht, für das beteiligte Privatrechtssubjekt Privatrecht, soweit das Privatrechtssubjekt nicht zugleich beliehen ist. Diese — zur ganzheitlichen Betrachtungsweise freilich konträre — Auffassung erscheint allein sachgerecht. Der Unterschied des öffentlichen vom privaten Recht ist eine Frage des personellen Geltungsbereichs von Rechtssätzen[13]. Öffentliches Recht ist Sonderrecht. Ist der Staat oder ein privater Hoheitsträger am Vertrag beteiligt, gilt für ihn grundsätzlich öffentliches Recht, soweit solches bereitsteht. Für den privaten Vertragspartner gilt entsprechend Privatrecht. Auf den Vertrag bezogen: Der subordinative Vertrag unterliegt *zwei verschiedenen* Rechtsordnungen. Der Staat muß sich in seinem Vertragshandeln stets nach öffentlichem Recht beurteilen lassen, der — nicht beliehene — Private stets nach Privatrecht. Diese Trennung der Rechtsregeln für beide Vertragspartner ist aus der unterschiedlichen Natur der jeweils anzuwendenden Teilrechtsordnungen zwingend geboten[14].

2. Der Vertragsschluß

Für die *Beteiligung des Hoheitsträgers* gilt an Stelle der Abschluß- und Gestaltungsfreiheit des Zivilrechts seine durchgängige Bindung an Recht und Gesetz; im Rahmen der geltenden Verwaltungsverfahrensgesetze sind die dort getroffenen Regelungen maßgebend; im übrigen hat der beteiligte Hoheitsträger insbesondere die Grundrechte zu achten. Im einzelnen richtet sich die Wirksamkeit der vertragsbeteiligten Willenserklärung des beteiligten Hoheitsträgers zunächst nach den allgemeinen öffentlichrechtlichen Zuständigkeitsregeln. Es ist sowohl die

---

[13] *Pestalozza,* „Formenmißbrauch" des Staates, 1973, vgl. etwa S. 185.

[14] Die sich aus der unterschiedlichen Rechtsträgerqualität ergebende erforderliche Differenzierung nehmen beispielsweise auch Vertreter der ganzheitlichen, öffentlichrechtlichen Betrachtungsweise vor, ohne sich freilich von ihrem dogmatischen Fundament zu entfernen. *Beinhardt,* S. 252 etwa unterscheidet die rechtliche Behandlung der öffentlichrechtlichen Willenserklärung des vertragsbeteiligten Hoheitsträgers von der Willenserklärung des beteiligten Privatrechtssubjekts; letztere unterwirft er unmittelbar den Regeln des Zivilrechts, erstere hingegen spezifisch öffentlichrechtlichen Regularien.

Verbands- als auch die Organkompetenz einzuhalten. Geschäftsfähigkeit des handelnden Beamten ist nicht erforderlich[15]. Die Willenserklärung wird nicht dem handelnden Beamten, sondern der Behörde zugerechnet. Die Irrtumsregeln können als Ausdruck eines allgemeinen Gesetzesgedankens, daß gewisse Beweggründe der Abgabe der Willenserklärung zu einer Beseitigung der hierdurch entstandenen Rechtsfolgen berechtigen müssen[16], angewandt werden. Nicht anwendbar sind hingegen die §§ 123 Abs. 2 BGB oder die Regeln über die Anfechtungsfristen, die als Ausdruck rein privaten Interessenschutzes erscheinen[17]. Soweit eine behördliche Genehmigung erforderlich ist, können die §§ 158 f. BGB entsprechend herangezogen werden[18]. Weiter gelten entsprechend die Regeln der §§ 117 f., 155 oder die Grundsätze der „falsa demonstratio"[19]. Die Regeln über die einzelnen Schuldverhältnisse können insoweit übertragen werden, als das öffentliche Interesse keine Sonderregelung erfordert. Der öffentlichrechtliche Tausch, Darlehensvertrag, Dienstvertrag, die Abtretung und Schuldübernahme als allgemeine schuldrechtliche Kategorien der Güter- und Leistungsbewegung sind jedenfalls im Prinzip übernahmefähig[20]. Nicht zuletzt sind auch die in den sachenrechtlichen Regelungen des BGB zum Ausdruck gekommenen rechtlichen Güterzuordnungsprinzipien ins öffentliche Recht übernahmefähig.

Ausnahmen gelten aber für den numerus clausus der Sachenrechte. Das öffentliche Recht vermag weitere dingliche Rechte wie etwa die Baulast[21] zu schaffen. Im übrigen gilt im Interesse der Rechtsklarheit der Typenzwang des Zivilrechts. Die einzelnen Ausformungen dieser Grundsätze sind der öffentlichen Interessenlage anzupassen.

Die vertragliche *Willenserklärung der Privatperson* untersteht als privatrechtliche Willenserklärung dem direkten Geltungsbereich des BGB. Sie ist — im Gegensatz zu der des beteiligten Hoheitsträgers — gekennzeichnet durch Abschluß und Gestaltungsfreiheit des Zivilrechts. Im Bereich der Privatrechtskompetenz regiert der private Interessenschutz. Im einzelnen gelten für den Privaten etwa die Regeln über die Geschäftsfähigkeit. Sie ist in jeder Lage des Verwaltungsverfahrens

---

[15] Vgl. *Beinhardt,* S. 252 mwN.

[16] *Wolff / Bachof,* § 44 III a unter — unzutreffendem — Hinweis auf RGZ 124, 129; rpf OVG, DVBl 1965, 771.

[17] *Wolff / Bachof,* ebd.

[18] So wie hier, *Beinhardt,* S. 254.

[19] Vgl. hierzu *M. Weiss,* falsa demonstratio im Verwaltungsrecht 1963, § 10; für die Anwendung des Grundsatzes „culpa in contrahendo" vgl. *Simons,* Leistungsstörungen, S. 172 - 178; zu den §§ 117, 155, *Beinhardt,* S. 254.

[20] Vgl. dazu *Wolff / Bachof,* § 44 III b für den Kaufvertrag. Strittig ist, ob jede einzelne Regelung des Kaufrechts übernahmefähig ist, vgl. S. 351.

[21] Vgl. etwa § 108 LBO Bad.Württ. (idF v. 20. 6. 1972 GBl S. 351).

zu fordern; auch die im öffentlichen Recht nicht geltenden Regelungen über Anfechtungsfristen besitzen in diesem Rahmen Geltung. Die Vertragsbeteiligung eines Hoheitsträgers auf der Gegenseite ist nicht geeignet, das Privatrechtssubjekt zugunsten des Wegfalls des Fristenerfordernisses zu privilegieren.

3. Die Vertragsabwicklung

Für den beteiligten *Hoheitsträger* gelten als Ausdruck allgemeiner Rechtsgedanken die im bürgerlichen Recht kodifizierten Regeln über die Erfüllung und die Erfüllungssurrogate[22]. Auch die im BGB zum Ausdruck gekommenen, dem Recht der Leistungsstörungen zugrundeliegenden Gesetzesgedanken können mit geringen Modifikationserfordernissen ins öffentliche Recht übernommen werden; es gelten etwa die §§ 276, 278, 323 BGB; darüber hinaus aber auch die Grundsätze über die positive Forderungsverletzung[23]. Einer Einschränkung bedürfen etwa die Regeln über vertragliche Lösungsrechte bei Pflichtverletzungen (vgl. § 325 BGB). Das öffentliche Interesse, zu dessen Wahrung der beteiligte Hoheitsträger verpflichtet ist, läßt in der Regel nicht wegen jeder Vertragsverletzung, etwa im Sinne des § 326, eine Abstandnahme vom Vertrag zu[24]. Besonderheiten müssen auch für die Anwendbarkeit der „clausula rebus sic stantibus" gelten. Drohen schwere Gefahren für das Gemeinwohl, so ist eine Vertragsumgestaltung, eine Vertragsauflösung auch über die durch das Zivilrecht vorgezeichneten Grenzen hinaus zulässig. Verzugszinsen sind nur dann zu entrichten, wenn dies ausdrücklich bestimmt ist. Das öffentliche Recht kennt keine allgemeine Verzinsungspflicht. Die zivilrechtliche Regelung der Prozeßzinspflicht ist indes übernahmefähig[25].

Für das *Privatrechtssubjekt* gelten auch im Rahmen der Vertragsabwicklung unmittelbar die Regeln des BGB. Jede vertragsrelevante Rechts- oder Tathandlung des Privatrechtssubjekts ist nach Zivilrecht als dem „Hausrecht" der Privatperson zu beurteilen. Die öffentlichrechtlichen, teils auf dem Wege über Analogie — oder andere Mittel der Nachbildungstechnik — gewonnenen, teils aus allgemeinen Rechtsgedanken abgeleiteten Vertragseinzelregeln sind als Amtsrecht des beteiligten Hoheitsträgers nur auf diesen anwendbar. Geltungsbereich und Geltungsinhalt des Privatrechts werden für die Privatperson freilich teilweise indirekt durch öffentliches Recht mitbestimmt. Diese Rechts-

---

[22] *Beinhardt,* S. 255.
[23] Vgl. Art. 202 EVRO/Wü; zum Verschuldensmaßstab; *Wolff,* § 44 III, mwN.
[24] *Wolff* § 44, III b, 2.
[25] *Eckert,* DVBl 1962, 11 ff. (16, 17); vgl. auch *Bisek,* S. 153 - 158; *Beinhardt,* S. 259.

folge ist Konsequenz des „Korrelatcharakters" öffentlichen Rechts. Öffentlichrechtlichen Verpflichtungen eines Hoheitsträgers etwa entspricht vielfach eine Berechtigung der Zivilperson. Entsprechendes gilt im Umkehrverhältnis. Ist der beteiligte Hoheitsträger öffentlichrechtlich zum Schadenersatz an die Zivilperson verpflichtet, so wird das korrespondierende Schadenersatzrecht der Privatperson durch das Amtsrecht des beteiligten Hoheitsträgers geprägt und der allgemeine privatrechtliche Rechtsstatus des Privatrechtssubjekts insoweit konkretisiert. Eine Änderung des Prinzips grundsätzlicher Geltung öffentlichen Rechts ausschließlich für die Handlung und Unterlassung des Hoheitsträgers und der Geltung Privatrechts ausschließlich für das beteiligte Privatrechtssubjekt bewirkt diese Wechselbeziehung indes nicht.

IV. Der gemischte Vertrag

Für das Vertragsrecht des gemischten Vertrags ist, wie im Rahmen der Vertragszulässigkeitsprüfung, eine *Trennung* der öffentlichrechtlich und privatrechtlich geprägten Vertragsteilregelungen vorzunehmen. Je nach dem einschlägigen Rechtsbereich beurteilt sich das anwendbare Vertragsrecht. Besonderheiten ergeben sich für das anwendbare Vertragsrecht nicht. Den öffentlichrechtlichen Vertragsteil regiert öffentlichrechtliches Sonderrecht, den privatrechtlichen Teil das bürgerliche Recht.

V. Der rechtswidrige Vertrag

Der privatrechtliche Vertrag ist bei Rechtswidrigkeit nichtig. Die frühere Auffassung zum öffentlichrechtlichen und zum gemischten Vertrag[26] ging in dieselbe Richtung. Inzwischen hat sich die differenzierende Auffassung durchgesetzt, welche den rechtswidrigen Vertrag mit einer gesteigerten Bindungswirkung ausstattet[27]. Im Verwaltungsverfahrensgesetz 1977 hat diese Auffassung in § 59 ihren Niederschlag gefunden. Eine Aufhebbarkeit öffentlichrechtlicher Verträge entsprechend der Anfechtbarkeit und Rücknehmbarkeit rechtswidriger Verwaltungsakte wird abgelehnt. Das freiwillige Eingehen der Vertragsbindung durch den Einzelnen wird als Verzicht auf das Anfechtungsrecht oder Verstreichenlassen der Anfechtungsfrist gedeutet[28]. Demgegenüber wird als Ausgleich für die gesteigerte Bindungswirkung der

---

[26] Vgl. BSGE 14, 104; 16, 61.

[27] Vgl. Entwurf 1973, § 55; *Bisek*, S. 130 f.; Kritik: *P. Krause*, Rechtsformen, S. 224.

[28] Vgl. die Übersicht bei *Wolff / Bachof*, S. 249.

Katalog der Nichtigkeitsgründe gegenüber dem Verwaltungsakt ausgeweitet[29]. Diese Auffassung beruht auf einem Kompromiß zur Lösung des Spannungsverhältnisses zwischen dem die Änderungsbedürftigkeit rechtswidrigen staatlichen Handelns fordernden Grundsatz der Rechtsrichtigkeit und dem Prinzip der Rechtssicherheit, dem generellen Interesse der Allgemeinheit am Bestand staatlicher Akte.

An den Vertrag über öffentlichrechtliche Verpflichtungen und Berechtigungen angelegt, fordern diese Maßstäbe die gesteigerte Bindungswirkung insoweit, als ein Vertrag öffentlichrechtlich zu beurteilen ist. Nur bei rechtswidrigem Vertragshandeln eines (privaten) Hoheitsträgers gelten die öffentlichrechtlichen Vertragsregeln. Im Rahmen des — koordinationsrechtlichen — öffentlichrechtlichen Vertrags können die durch Lehre und Rechtsprechung entwickelten Grundsätze durchgängig angewandt werden[30]. Eine *differenzierende* Betrachtungsweise ist indes bei der Beurteilung des subordinativen Vertrags erforderlich. Die Rechtsfolge der Rechtswidrigkeit ist je nach dem einschlägigen Rechtsbereich zu sondern. Soweit sich die Handlungsform, der Vertragsinhalt nach Zivilrecht beurteilen, tritt die für diesen Bereich regelmäßig angeordnete Nichtigkeitsfolge ein. Soweit der Vertrag, speziell auf Seiten des beteiligten Hoheitsträgers, öffentlichrechtlich zu qualifizieren ist, gelten die öffentlichrechtlichen, eine gesteigerte Bindungswirkung beinhaltenden Regeln. Fehlt etwa die Geschäftsfähigkeit des privaten Vertragspartners, so tritt die vertragliche Nichtigkeitsfolge unter direkter Anwendung der §§ 104 ff. BGB ein. Wäre dagegen etwa die dem beteiligten Hoheitsträger zuzurechnende Vertragsregelung bei Einsatz des Verwaltungsakts an Stelle des Vertrags nichtig, so folgte die Nichtigkeitssanktion der öffentlichrechtlichen Regelung (vgl. die Regelung des § 59 Abs. 2 Ziff. 1 VerwVerfG 1977: Ein Vertrag im Sinne des § 54 Satz 2 ist nichtig, wenn ein Verwaltungsakt mit entsprechendem Inhalt nichtig wäre). Gleiche Grundsätze gelten für andere Fälle der Rechtswidrigkeit. Immer ist aufgrund isolierender Betrachtungsweise der öffentlichrechtliche Vertragsteil separat zu qualifizieren. Allein damit wird dem das öffentliche Recht beherrschenden öffentlichen Interesse an gesteigerter Bindungswirkung hoheitlicher Akte Genüge getan. Eine Ausdehnung dieser Wirkung auch auf das privatrechtliche Feld wäre interessen- und damit rechtswidrig. Das durch das Zivilrecht zu realisierende Individualinteresse erfordert bei vertraglicher Rechtswidrigkeit allein die adäquate Rechtsfolge der Nichtigkeit, sofern nicht Sonderregeln des Zivilrechts, etwa § 119 f. BGB (bloße Anfechtbarkeit) zum Einsatz gelangen.

---

[29] Vgl. Entwurf 1973, Einzelbegründung zu § 55, S. 81, sowie § 59 VwVfG 1977.

[30] Vgl. Entwurf, 1973, Einzelbegründung zu § 55, S. 81.

VI. Umdeutungsfragen

Ein Sonderproblem stellt die Frage der Umdeutbarkeit öffentlichrechtlicher Verträge in privatrechtliche Verträge dar. Das Zivilrecht
sieht in § 140 BGB die Umdeutung vor. Entspricht ein nichtiges Ge-
schäft den Erfordernissen eines anderen, so gilt das letztere, wenn anzunehmen ist, daß dessen Geltung bei Kenntnis der Nichtigkeit gewollt
sein würde. Die Wissenschaft wendet diesen Grundsatz häufig im Bereich der Verträge zwischen Privatpersonen über öffentliches Recht an.
Insbesondere unzulässige öffentlichrechtliche Verträge zwischen Privatpersonen sollen als privatrechtliche Verträge aufrecht zu erhalten sein[31],
soweit der neue Inhalt eines Rechtsgeschäfts dem vermuteten Parteiwillen entspreche. Eine öffentlichrechtlich unwirksame Abwälzung der
Wegebaulast etwa soll durch Konversion als bürgerlichrechtlicher Anspruch auf Schadloshaltung aufrecht zu erhalten sein[32].

Diesen Auffassungen ist entgegenzutreten. Ein Austausch öffentlichrechtlicher Legitimationsgründe durch solche des Privatrechts im Wege
der Konversion kann nicht gestattet sein. Ein öffentlichrechtlicher Vertrag kann hinsichtlich desselben Regelungsgegenstandes nicht zugleich
auch die Tatbestandsmerkmale eines privatrechtlichen Vertrags in sich
vereinigen. Handelt eine Privatperson kraft Sonderrechts als privater
Hoheitsträger im allgemeinen Bereich ihrer hoheitlichen Kompetenzen,
so ist ein Vertrag nach öffentlichem Recht zu beurteilen. Ist die vertraglich erstrebte Rechtsfolge unzulässig, so ist das einzig mögliche
Mittel zur Rettung der Rechtmäßigkeit die Umdeutung in einen zulässigen öffentlichrechtlichen Vertrag anderen Inhalts, soweit eine
solche Folge konstruktiv und inhaltlich vertretbar ist[33]. Für eine Umdeutung in einen privatrechtlichen Vertrag ist *kein* Raum. Ein öffentlichrechtlicher Sonderrechtsträger kann durch Ablegung dieser seiner
Eigenschaft keinen Rechtserfolg auf öffentlichrechtlichem Gebiet erzielen, der ihm bereits durch den Einsatz einer rechtlichen Handlungsform als Hoheitsträger versagt ist. Die Vertragsfälle, in welchen eine
Umdeutung erwogen wird, sind in Wahrheit nicht öffentlichrechtlicher
Natur, sondern nichtige privatrechtliche Verträge über öffentliches
Recht. Die vertragliche Übertragung einer Steuerschuld etwa ist privatrechtlicher Natur, soweit den privaten Vertragspartnern die erforder-
liche Hoheitskompetenz zur Verfügung über den öffentlichrechtlichen
Steueranspruch des Staates fehlt; ein solcher Vertrag ist unmittelbar

---

[31] *Apelt*, Der verwaltungsrechtliche Vertrag, 1920, S. 142 — unter Hinweis
auf die Spruchpraxis des preußischen Oberverwaltungsgerichts; *Salzwedel*,
S. 94; *Imboden*, S. 108 f.; *Merk*, S. 907/908; *Ruppert*, S. 30.

[32] So etwa *Merk*, S. 907 mwN.

[33] Generell eröffnet diesen Weg etwa § 62 VwVfG 1977.

allein nach Privatrecht zu beurteilen und wegen Verstoßes gegen § 134 BGB nichtig. Er kann indes — innerhalb des Bereichs des Privatrechts — in einen wirksamen privatrechtlichen Vertrag auf interne Zahlungsübernahme ohne Antastung der öffentlichrechtlichen Verpflichtung konvertiert werden. Die Umdeutungsproblematik ist allein auf den Bereich Privatrechts beschränkt. Inwieweit solche privatrechtliche Vereinbarungen der Umdeutung im konkreten Fall zugänglich sind, richtet sich nach der Qualität des öffentlichrechtlichen Regelungsgegenstandes. Läßt eine zu regelnde öffentlichrechtliche Verpflichtung oder Berechtigung einen zivilrechtlichen Annexvertrag zu, ist die Umdeutung gestattet. Die Verpflichtung, den Wehrdienst abzuleisten, kann auch nicht im Innenverhältnis abgewälzt werden. Ein Vertrag dieses Inhalts wäre in gleicher Weise nichtig wie die Vereinbarung, die die Übertragung der Wehrpflicht selbst enthielte[34].

VII. Prozessuales

Für den Vertrag als Handlungsform zwischen Privaten über öffentliches Recht gelten je nach seiner Rechtsnatur verschiedene Rechtswegzuständigkeiten. Für den öffentlichrechtlichen Vertrag ist gem. § 40 VwGO, unter Ausschluß der in Abs. 2 vorgesehenen Sonderregelungen, der Verwaltungsrechtsweg gegeben, für den privatrechtlichen Vertrag der Zivilrechtsweg. Streitigkeiten aus subordinationsrechtlichen Verträgen werden von der herrschenden Auffassung gleichfalls aufgrund ganzheitlicher Betrachtungsweise dem Verwaltungsrechtsweg zugewiesen[35]. Ist auch nur ein Teil einer Streitigkeit nach öffentlichem Recht zu beurteilen, so soll auch für die Gesamtstreitigkeit der Verwaltungsrechtsweg gegeben sein. Diese Auffassung hat prozessual praktische Vorzüge, indem sie Schwierigkeiten bei der Feststellung der Rechtswegzuständigkeit in Grenzfällen vermeidet und den gegebenen Rechtsweg im Interesse des Rechtsschutzsuchenden klar vorzeichnet. Die isolierende Betrachtungsweise erscheint insoweit nicht angebracht. Sie ist zwar in materiellrechtlicher Hinsicht unabdingbar; prozessual kann indes durchaus eine Nivellierung bei Verschränkungen öffentlichen und Privatrechts zugunsten verwaltungsgerichtlicher Rechtswegzuständigkeit hingenommen werden. Der Rechtsschutz vor den Verwaltungsgerichten ist dem zivilrechtlichen *adäquat;* insbesondere kann nicht eine mindere Zivilrechtskunde der Verwaltungsgerichte eingewandt werden. Die Verwaltungsgerichte sind, vornehmlich im öffentlichen Schuldrecht damit betraut, zivilrechtliche Grundsätze auf öffentliches Recht

---

[34] Wie hier, im Ergebnis, *Lerche,* in: „Staatsbürger und Staatsgewalt", 1963, S. 70.

[35] Vgl. statt aller *Kopp,* VwGO, 1974, Anm. zu § 40, S. 52/53.

zu übertragen[36], und haben auch auf anderen Gebieten Zivilrecht zu beachten. Die isolierende Betrachtungsweise führte prozessual zu einer unnötigen und unökonomischen Aufspaltung des Rechtsschutzes innerhalb eines einheitlichen Vertrags. Wären etwa einzelne zuordnungsmäßig verschieden zu qualifizierende Vertragspunkte eines einheitlichen Vertrags im Streit, müßten zwei Prozesse mit möglicherweise inhomogenem Ausgang geführt werden. Der Zuordnung einer subordinativen Streitigkeit insgesamt zum Verwaltungsprozeß gebührt dabei der Vorzug vor einer Zuordnung insgesamt oder wahlweise zum ordentlichen Rechtsweg. Der subordinative Vertrag leitet seine Existenz schwerpunktmäßig aus dem öffentlichen Rechtsbereich ab und ist überwiegend öffentlichrechtlich bestimmt. Seine Hauptproblematik liegt regelmäßig nicht in der Festlegung des Inhalts und des Umfangs der Privatrechtssubjektivität des beteiligten Einzelnen, sondern n der Reichweite der am Vertrag beteiligten Hoheitskompetenzen. Unter diesen Voraussetzungen ist es sachgerecht, den subordinativen Vertrag dem Verwaltungsrechtsweg zuzuweisen, mag auch das Verwaltungsgericht teilweise Zivilrecht anzuwenden haben[37]. Entsprechendes gilt auch für sonstige mit öffentlichem und privatem Recht durchsetzte gemischte vertragliche Rechtsverhältnisse. Dem Verwaltungsrechtsweg ist der Vorzug zu geben.

---

[36] Vgl. *Pestalozza*, „Formenmißbrauch", S. 182: „Bei Verschränkung öffentlichrechtlicher und privatrechtlicher Vorschriften hat das VG zu entscheiden".
[37] Vgl. *Pestalozza*, Privatverwaltungsrecht, JZ 1975, 50 (56).

6. Kapitel

Einzelne Vertragsfälle und ihre Beurteilung

Nach den entwickelten Grundsätzen ist jeder der im Einzelfall zu analysierenden Vertragsfälle zu befragen, inwieweit die privaten Vertragspartner kraft Sonderrechts, als Hoheitsträger paktieren. Ist diese Voraussetzung gegeben, ist der Vertrag öffentlichrechtlich zu qualifizieren. Es gilt das öffentlichrechtliche Vertragsrecht. Die Vertragszulässigkeit richtet sich nach dem konkreten Inhalt und der Reichweite des legitimierenden Sonderrechts. Agieren die Parteien als Nicht-Sonderrechtsträger, kann lediglich die jedermann zustehende allgemeine Privatrechtskompetenz zum Einsatz gelangen. Der Vertrag ist unter diesen Voraussetzungen zivilrechtlich zu qualifizieren. Es gilt unmittelbar das privatrechtliche Vertragsrecht. Die Vertragszulässigkeit richtet sich im Einzelfall nach Inhalt und Reichweite des Privatrechts.

I. Verwaltungsrecht

1. Privatrechtliche Verträge

a) Disposition über öffentlichrechtliche Vermögensrechte

aa) Gesetzlich vorgesehene Verträge

α) *Die Abtretung des Beamtengehalts*

Die nach Bundes- und Landesrecht gesetzlich zulässige Übertragung des öffentlichrechtlichen Gehaltsanspruchs ist als *privatrechtlicher Vertrag* zu qualifizieren: Der Beamte und der Zessionar paktieren aufgrund besonderer gesetzlicher Ermächtigung in ihrer Eigenschaft als Rechtssubjekte des Privatrechts innerhalb ihrer — normativ konkretisierten — Privatrechtskompetenz. Sie sind in Ansehung des Vertragsschlusses keine öffentlichrechtlichen Sonderrechtsträger. Die gesetzliche Vertragsgestattung richtet sich im Rahmen der Tatbestandsvoraussetzungen auf der einen Seite an jeden Beamten, auf der Gegenseite an beliebige Drittpersonen. An der für öffentliches Recht unerläßlichen Einräumung hoheitlicher Verantwortlichkeit fehlt es. Der Gesetzgeber hat für die Parteien weder eine Bindung an die Grundrechte, die für

Hoheitsträger unabdingbar ist, vorgesehen, noch gelten die sonstigen typischen öffentlichrechtlichen Maßstäbe, wie etwa das Rechtsstaatsprinzip in all seinen Ausformungen. So kann sich eine Vertragspartei, wenn die Abtretung etwa im Rahmen eines Kaufvertrags erfolgt, niemals unter Hinweis auf Art. 20 GG darauf berufen, das ausgehandelte Leistungsentgelt sei zu niedrig und stelle sie vertraglich „unverhältnismäßig" schlechter als den Gegner, oder die Leistung sei — im Lichte des Art. 3 GG — willkürlich hoch angesetzt.

Für den an sich „öffentlichrechtlich geprägten" Regelungsgegenstand hat die Überlassung an die privatrechtliche Dispositionsbefugnis für den Bereich des Vertragsschlusses eine Rechtsumwandlung zur Folge. Der an sich „öffentlichrechtliche" Gehaltsanspruch ist, soweit die vertragliche Regelungsbefugnis der Parteien reicht, aus der hoheitlichen Verantwortung entlassen und wird insoweit ein — begrenztes — Privatrecht[1].

β) *Entsprechende Fälle*

Mit paralleler Argumentation ist die Übertragung von Steuererstattungsansprüchen gem. § 159 AO, ab 1. 1. 1977 gem. § 46 AO, die Übernahme der Haftung für die Steuerschuld gem. § 192 des Gesetzes — die dargestellten sozialrechtlichen Abtretungen gem. § 53 SGB, § 119 RVO, 244, 262, 294 LAG, § 67 BVG, § 14 BEG sowie sämtliche anderen gesetzlich vorgesehenen auf Geldleistung gehenden Abtretungs- und Schuldübernahmen dem *Zivilrecht* zuzuweisen.

bb) Gesetzlich nicht ausdrücklich normierte Verträge

α) *Die Abtretung des allgemeinen*
öffentlichrechtlichen Erstattungsanspruchs

Überträgt ein Bürger einem Dritten seinen öffentlichrechtlichen Erstattungsanspruch, so ist auch dieser Vertrag *privatrechtlich*. Eine Beleihung mit öffentlichrechtlichen Sonderrechten scheidet unter jedem erdenklichen Gesichtspunkt aus. Weder ist der Bürger als solcher „institutionalisierter" Beliehener, noch ist er dies durch Gesetz ad hoc geworden. Ihm fehlt jedwede sonderrechtstypische Verantwortlichkeit.

Zulässig kann ein solcher, nicht durch ausdrückliche Ermächtigung gedeckter Vertrag über öffentliches Recht indes nur sein, wenn der Dispositionsgegenstand für den Bereich eines Vertragsschlusses „ins Privatrecht entlassen" wurde. Grundsätzlich wurde bei der Darstellung der Zulässigkeit festgestellt, daß prinzipiell nur der Herr über

---

[1] G. *Jellinek*, System, S. 348 nimmt ebenfalls einen privatrechtlichen Vertrag an; der Dispositionsgegenstand sei der Privatrechtssphäre zugewachsen.

den Normbestand, der Gesetzgeber, befugt ist, öffentliches Recht von seiner hoheitlichen Einbindung zu befreien, ins Privatrecht übersiedeln zu lassen. Eine ausdrückliche normative Anordnung fehlt. Nach allgemeinen Grundsätzen der Auslegungstheorie ist auch ein schlüssiger, konkludenter Gesetzesbefehl möglich. Je nach der jeweils anzuwendenden Auslegungsmethodik kann danach jedenfalls partiell vertragsbezogen auch eine schlüssige Rechtsumwandlung öffentlichen Rechts in Privatrecht gestattet und damit auch im gesetzlich nicht ausdrücklich normierten Bereich ein privatrechtlicher Vertrag zulässig sein. Unter Anlegung dieser Maßstäbe ist die privatvertragliche Abtretung des öffentlichrechtlichen Erstattungsanspruchs des Bürgers zulässig. Die Leistungszuständigkeit ist vertretbar[2], es kommt dem Gesetzgeber ausschließlich auf vorläufige Güterzuordnung an; wie der Anspruchsberechtigte sein Recht nach Erwerb weiter realisiert, etwa durch „günstige" Abtretung, ist dem Gesetzgeber mutmaßlich gleichgültig.

β) *Entsprechend zu qualifizierende Verträge*

Mit gleicher Erwägung sind auch alle sonst denkbaren Abtretungsverträge entsprechender Struktur unter den gegebenen Bedingungen als *privatrechtliche* Verträge zulässig; so etwa die Abtretung des öffentlichrechtlichen Entschädigungsanspruchs oder eines Zahlungsanspruchs aus öffentlichrechtlicher Geschäftsführung ohne Auftrag unter Privaten; gleiches gilt auch für Schuldübernahmen; hier sind freilich im besonderen Maße die Gläubigerschutzvorschriften des BGB, die §§ 414, 415 des Gesetzes zu beachten. Entsprechende Regeln gelten darüber hinaus schließlich für alle typischen, gemischttypischen und atypischen Vertragsverhältnisse verpflichtender und verfügender Natur.

b) *Private Modifikation* sonstiger öffentlichrechtlicher Rechte

aa) Gesetzlich vorgesehene Verträge

α) *Die Übertragung der Wegereinigungspflicht*[3]

Die Berechtigung des Betroffenen zur Abwälzung der Wegereinigungspflicht ist kein öffentlichrechtliches Sonderrecht. Es wird jedem Privatmann, der unter dem Geltungsbereich des Gesetzes steht, zugestanden. Die Ausübung des Übertragungsrechts ist durch den Gesetzgeber auch nicht an spezifisch hoheitliche Handlungsgrundsätze geknüpft. Es besteht lediglich eine mittelbare Bindung der Vertragspartner an öffentliche Interessen durch die Normierung des Zustim-

---

[2] Vgl. zum Meinungsstand die Nachweise, 2. Kapitel, I., 2., a).

[3] Siehe die Bestandsaufnahme, 2. Kapitel, I., 1., a).

mungserfordernisses. Die staatliche Mitwirkungsbehörde darf die Genehmigung nur erteilen und damit die schwebende Unwirksamkeit
beseitigen, wenn die im übrigen kraft Privatautonomie ausgehandelte
Vereinbarung dem öffentlichen Interesse an größtmöglicher Effizienz
der Erfüllung der öffentlichrechtlichen Wegereinigungspflicht entspricht. Nur in diesem Rahmen sind der vertraglichen Privatautonomie Grenzen gezogen. Regelungsbefugnis und Regelungsgegenstand
stellen sich vertragsbezogen als „begrenzte" Privatrechte dar. Der
öffentlichrechtlich vorgeordnete Regelungsstand ist, soweit dessen
Übertragung unter Privaten in Frage steht, ins Privatrecht integriert.
Nach dessen Abschluß wird dem *Privatvertrag* „öffentlichrechtliche
Wirkung" zuerkannt. Dies bedeutet nur soviel, daß der zuständige
Hoheitsträger die private Regelung als auch für sich selbst verbindlich anzuerkennen hat[4].

β) *Der Enteignungsvertrag*
   gem. § 110 Bundesbaugesetz
   und die bergrechtliche Grundabtretung

Auch der „Expropriationsvertrag" ist *zivilrechtlicher* Natur. Die
privaten Vertragspartner handeln nicht als öffentlichrechtliche Sonderrechtsträger, sondern kraft Gesetzes festgelegter Privatrechtskompetenz. Zwar besitzt das Enteignungsrecht des Staates Sonderrechtsqualität. Das Recht zum Vertragschluß gem. § 110 des Gesetzes
ist indes nicht gleichwertig. Ein Vertrag ist nicht „Ausübung" des Enteignungsrechts, sondern er dient gerade zur Abwendung der Enteignung. In diesem Rahmen ist jedermann, dessen Rechtspositionen von
einer Enteignung bedroht sind, ermächtigt, mit dem Antragsteller
der Enteignung zu kontrahieren. Ein jedermann zustehendes Recht
ist indes prinzipiell Privatrecht. An dieser Qualifikation wird auch
nicht dadurch etwas geändert, daß der wirksam zustandegekommene
Vertrag in seinem Rechtswert einem Enteignungsbeschluß der zuständigen Enteignungsbehörde gleichsteht (vgl. § 112 BBauG). In
dieser Vorschrift kommen allein die öffentlichrechtlichen, als generell verbindlich statuierten Rechtswirkungen zum Ausdruck.

Das dem Privaten verliehene Privatrecht zum Vertragsschluß ist
im übrigen auch in diesem Falle — ähnlich wie in den Fällen der
Festsetzung eines Zustimmungserfordernisses — relativ „begrenzt".
Gem. § 110 Abs. 2 des Gesetzes hat die Enteignungsbehörde eine Niederschrift über die Einigung aufzunehmen, die den Erfordernissen des

---

[4] Dies ist im übrigen keine Besonderheit des Vertrags mit öffentlichem
Recht als Regelungsgegenstand; auch sehr viele andere zivilrechtliche insbesondere sachenrechtliche, familienrechtliche und erbrechtliche Verträge
ziehen eine derartige „öffentlichrechtliche" Wirkung nach sich.

§ 113 Abs. 2 zu entsprechen hat. Diese Vorschrift stellt enumerativ umschriebene inhaltliche Tatbestandsvoraussetzungen des Enteignungsvertrags auf. Solange der Vertrag den Erfordernissen dieser Vorschrift nicht genügt, hat eine behördliche Beurkundung zu unterbleiben. Die öffentlichrechtliche Vertragswirkung tritt erst mit behördlicher Beurkundung ein (§ 110 Abs. 3).

Genau strukturgleich ist der Fall der bergrechtlichen Grundabtretung durch Einigung[5]. Dies gilt sowohl für die Eigentumsübertragung als auch für die Abtretung des Nutzungsrechts zu Gunsten des bergbauberechtigten Bergwerkseigentümers. Gleiches gilt auch für die Vereinbarung des Grundeigentümers mit dem Schürfberechtigten.

γ) *Hinweis auf Parallelfälle*

Privatrechtlich sind auch die gesetzlich vorgesehenen Verträge des Wege-, Wasser- und allgemeinen Polizeirechts, in denen die öffentlichrechtliche Verantwortlichkeit für einen Wasserlauf, ein Ufer, einen Weg oder einen sonstigen Gegenstand teils unter Zustimmung eines Hoheitsträgers, teils ohne eine solche geregelt werden kann[6].

Entsprechendes gilt für den Revieraufteilungs- und Jagdgebietsabrundungsvertrag. Das hoheitliche Jagdgebietsregelungsrecht wird für private Eigenjagdbesitzer ins Privatrecht entlassen. Die staatliche Regelungsbefugnis verbleibt nur subsidiär im Falle einer Nichteinigung erhalten.

Schließlich ist auf die nach Art. 68 der bayerischen Gemeindeordnung mögliche vertragliche Zerstückelung von Gemeindegliedervermögen zu verweisen, die ebenfalls privatrechtlich zu qualifizieren ist.

bb) Normativ nicht ausdrücklich vorgesehene Verträge

Eine abschließende Darstellung ist in den Fällen fehlender gesetzlicher Normierung naturgemäß unmöglich. Die nachfolgende Erörterung beschränkt sich unter diesen Voraussetzungen auf drei ausgewählte Beispiele:

α) *Die vertragliche Studienplatzvertauschung*

Der Vertrag, in welchem zwei Medizinstudenten die ihnen in jeweils verschiedenen Studienorten zugewiesenen Studienplätze vertauschen, ist *privatrechtlich* zu qualifizieren. Die Parteien paktieren als gewaltunterworfene Privatsubjekte. Für die Annahme einer öffentlichrechtlichen Sonderrechtsträgerschaft der Parteien fehlt jeder Anhaltspunkt.

---

[5] Vgl. 2. Kapitel, I., 1. d).
[6] Vgl. die Fälle 2, Kap. I., 1.

Der Vertrag ist als solcher *unzulässig*. Das Recht zur Zuteilung eines Studienplatzes liegt als öffentlichrechtliche Kompetenz ausschließlich bei einem Hoheitsträger. Ein Vertrag unter Privaten über diesen Gegenstand enthielte einen Eingriff in dieses Recht. Eine Kompetenzveränderung durch Entlassung des Regelungsgegenstandes ins Privatrecht ist durch nichts zu rechtfertigen. Der Vertrag ist gem. § 134 BGB nichtig. Möglich ist allerdings eine Umdeutung in eine ebenfalls zivilrechtliche, aber wirksame Vereinbarung, gemeinsam einen Antrag bei der Vergabestelle einzureichen, diese möge den Platzwechsel durch Verwaltungsakt von Amts wegen vornehmen.

β) *Der Bauwichvertrag*[7]

Der Zustimmungsvertrag zur Einengung des Bauwichs wird von den Vertragsteilnehmern als Rechtssubjekten des Privatrechts eingegangen. Keine Partei besitzt ein öffentlichrechtliches Sonderrecht. Der Vertrag ist dem *Privatrecht* zuzuordnen.

Die Vertragszulässigkeit richtet sich nach der privaten Disponierbarkeit des Zustimmungsrechts. Den tragenden — allerdings fälschlich zur Vertragseinordnung herangezogenen — Gesichtspunkt für die Zulassung eines Vertrags hat das Oberlandesgericht Bamberg selbst benannt. Es handelt sich bei der Erteilung oder Verweigerung der Zustimmung um einen Akt, den das Gesetz den Parteien freistellt und zu dem sie sich deshalb schuldrechtlich verpflichten können[8]. Hat der Rechtsträger selbst die freie Möglichkeit, ein Recht auszuüben, so kann er sich in freier Entscheidung einem Dritten gegenüber zur Rechtsausübung in einer bestimmten Richtung festlegen.

γ) *Der vertragliche Verzicht auf die Vorfahrt*

Die Übereinkunft, in der der haltepflichtige Verkehrsteilnehmer dem Vorfahrtsberechtigten einverständlich durch Handzeichen die Vorfahrt einräumt, gehört dem *Zivilrecht* an[9]. Sie wird von den Verkehrsteilnehmern, wie in den vorangegangenen Fällen, als Privatrechtsträger eingegangen.

Der Vertrag ist zulässig, wenn die öffentlichrechtliche Vorfahrtsregelung im Einzelfall privater Disposition offensteht, ins Privatrecht überzusiedeln vermag. Maßgebend ist insoweit § 1 der Straßenverkehrsordnung. Danach ist jeder Verkehrsteilnehmer zur Rücksichtnahme verpflichtet. Ist an einer Kreuzung etwa die Vorfahrtslage

---

[7] Vgl. OLG Bamberg, DVBl 1967, 55.

[8] OLG Bamberg, S. 56.

[9] Lehre und Rechtsprechung sprechen in diesem Zusammenhang das Problem einer Vereinbarung nicht an; vgl. etwa BGHZ DAR 1960, 137 = VRS 18, 249; *Jagusch*, Straßenverkehrsrecht, Anm. 3 zu § 1 StVO.

für einzelne Kraftfahrer ungewiß, so folgt aus dieser Vorschrift nicht nur das Recht, sondern sogar die Pflicht zur einverständlichen situationsangepaßten privaten Vorfahrtsregelung. Unter diesen Voraussetzungen muß ein Vertrag zulässig sein. Der öffentlichrechtlich vorgeordnete Dispositionsgegenstand wird für den Einzelfall ins Privatrecht entlassen. Etwaige Schadenersatzansprüche ergeben sich bei Verletzung der Abmachung — es kommt zum Verkehrsunfall —, aus zulässigem zivilrechtlichen Vertrag[10].

2. Öffentlichrechtliche Verträge

a) Beispiel eines koordinationsrechtlichen Vertrags

Die Vereinbarung, in welcher ein privater Bezirkskaminfegermeister im Rahmen des § 32 der Verordnung über das Schornsteinfegerwesen[11] — heute § 20 Schornsteinfegergesetz i. V. m. § 19 der Verordnung über das Schornsteinfegerwesen vom 19. 12. 1969 (BGBl I 2363) — einen anderen Bezirksschornsteinfegermeister mit seiner Vertretung beauftragt, ist *öffentlichrechtlicher* Natur. Die im übrigen privaten Vertragsparteien kontrahieren im Rahmen der Vertreterbestellung als öffentlichrechtliche Sonderrechtsträger, als Beliehene im Rahmen ihrer hoheitlichen Kompetenzen. Ihnen ist das prinzipiell hoheitliche Recht zur Feuerstättenschau und der weiteren in § 13 des Gesetzes übertragenen Aufgaben als staatliche Funktion zur eigenen Wahrnehmung anvertraut[12]. Hierzu gehört auch das Recht zur Regelung der Vertretung im Verhinderungsfalle. Die Partner stehen insoweit unter hoheitlicher Verantwortlichkeit; es gelten die Grundrechte, kurz ihre Bindung an Recht und Gesetz. Da insoweit beiden Vertragspartnern diese hoheitlichen Kompetenzen zustehen, ist ein Vertrag als koordinationsrechtlicher öffentlichrechtlicher Vertrag zu qualifizieren[13].

b) Beispiel eines subordinationsrechtlichen Vertrags

Setzt ein beliehener Bezirkskaminfegermeister, einen anderen Kaminfeger, der etwa als unselbständiger Arbeitnehmer tätig ist, ein, so ist der Vertrag subordinativ öffentlichrechtlich. Der Bezirksschornsteinfegermeister handelt im Rahmen des § 20 Schornsteinfegergesetz kraft Sonderrechts, der andere nimmt das Angebot kraft seiner zum

---

[10] Die Wissenschaft, vgl. BGH ebd. und *Jagusch*, erachtet einen „Verzicht auf die Vorfahrt" für zulässig.

[11] Vgl. 2. Kapitel, I., 2. b), aa).

[12] Vgl. zur Belieheneneigenschaft des Bezirksschornsteinfegers: *Wolff*, II, § 104, I, b, f.; *Erichsen / Martens*, S. 8 mit weiteren Nachweisen.

[13] Entsprechendes gilt für Verträge anderer beliehener Hoheitsträger.

Zwecke der Herbeiführung der Bindungswirkung der Einigung erweiterten Privatrechtskompetenz als Privatrechtssubjekt an[14]. Privater Hoheitsträger ist ausschließlich der Bezirkschornsteinfegermeister; andere Kaminfeger sind nach dem Gesetz privatrechtlich tätige Handwerker.

3. Gemischtrechtliche Verträge

Bestellt ein Bezirkskaminfegermeister einen anderen Bezirkskaminfegermeister vertraglich nicht nur als Vertreter für seine spezifisch hoheitlichen Aufgaben, sondern — etwa im Rahmen des § 14 Abs. 2 des Schornsteinfegergesetzes — generell auch für seinen privaten Handwerksbetrieb, so ist ein einheitlicher Vertrag gemischt öffentlichrechtlich - privatrechtlich zu beurteilen. Teils handeln die Parteien kraft Sonderrechts, nämlich soweit die Vertretungsregelung die Ausübung der feuerpolizeilichen Kompetenzen betrifft, teils handeln die Parteien als allgemeine Rechtsträger des Privatrechts, nämlich soweit sie, was jeder andere Handwerksmeister auch kann, die privatrechtliche Vertretung untereinander ordnen.

Ein besonderes Beispiel eines *gemischten* Vertrages bietet die Vereinbarung einer privaten, staatlich anerkannten Ersatzschule, etwa eines Gymnasiums, mit einem Schüler über die Aufnahme in die Schule[15]. Soweit die Parteien vereinbaren, der aufzunehmende Schüler solle seine — noch bestehende — öffentlichrechtliche Schulpflicht erfüllen, paktiert die Privatschule als Sonderrechtsträger. Der privaten, staatlich anerkannten Ersatzschule ist das essentiell hoheitliche Recht, im Rahmen der *Schulpflicht* Unterricht zu erteilen, gleichsam systemwidrig zugeordnet. Der Schulpflicht als öffentliches Recht der Zivilperson korrespondiert als öffentlichrechtliches Sonderrecht die generelle hoheitliche Beschulungskompetenz. Insoweit ist die Privatschule an die Grundrechte gebunden, weiter an sämtliche Ausformungen des Rechtsstaatsprinzips. Soweit der Beschulungsvertrag über die Regelung der öffentlichrechtlichen Schulpflicht hinausgeht, kommt das gemischtrechtliche Element zum tragen. In diesem Falle ist mit dem Verwaltungsgerichtshof Mannheim[16] davon auszugehen, daß die Privatschule — wie jede nicht beliehene Privatschule — paktiert. Das Recht, Privatunterricht zu erteilen, ist als solches kein öffentliches Recht; es steht jedermann zu. Der Schüler auf der Gegenseite schließt den Vertrag durchgängig als Privatrechtsträger. Soweit er sich verpflichtet, die Schulpflicht zu erfüllen, ist seine allgemeine Privatrechts-

---

14 Vgl. im einzelnen hierzu 4. Kapitel, III., 2. a).
15 Vgl. 2. Kap. I., 2., b).
16 DÖV 1971, 708.

kompetenz zum Vertragsschluß mit einem privaten Hoheitsträger erweitert. Für das baden-württembergische Recht folgt dies aus einem Umkehrschluß aus § 4 Abs. 2 des Privatschulgesetzes[17]. Wenn es der Privatschule gestattet ist, Unterrichtswillige zur Erfüllung der Schulpflicht aufzunehmen, folgt für den Schüler als Kehrseite eine entsprechende Berechtigung, die Aufnahme zu beantragen bzw. da Rechtsvorschriften nicht entgegenstehen, vertraglich anzubieten. Unter diesen Voraussetzungen trägt ein Vertrag subordinativen Charakter.

II. Verfassungsrecht

1. Der Koalitionsvertrag als Musterfall eines öffentlichrechtlichen Vertrags

Schließen zwei politische Parteien eine Koalitionsvereinbarung, handeln sie als „öffentlichrechtliche, verfassungsrechtliche" Sonderrechtsträger. Nach herkömmlicher Auffassung besitzen sie für den Bereich ihrer verfassungsrechtlichen Zielsetzung eine zusätzliche, besondere öffentlichrechtliche Rechtsmacht. *Menger* weist zutreffend darauf hin, daß die Parteien insoweit Beliehene seien[18]. Die eingeräumte Rechtsposition gestattet ihnen, öffentlichrechtlich legitimiert zu handeln, vertragliche Willenserklärungen abzugeben und mithin an öffentlichrechtlichen Verträgen beteiligt zu sein. Die vertragliche Rechtmäßigkeit bestimmt die Verfassung, speziell Art. 21 des Grundgesetzes. Vereinbaren zwei Parteien etwa, die Öffentlichkeit über ihr wahres Aktionsprogramm im ungewissen zu lassen, so ist der Vertrag mit den verfassungsrechtlichen Zielen der Publizität des demokratischen Prozesses zur Willensbildung des Volkes nicht vereinbar und damit nichtig.

2. Der Mandatsaufgabevertrag als Fall eines privatrechtlichen Vertrags[19]

Im Rahmen einer Abmachung, in welchem sich ein Abgeordneter seiner Partei gegenüber verpflichtet, im Austrittsfall sein Mandat niederzulegen, kontrahieren beide Vertragsteilnehmer als Privatrechtssubjekte. Weder ist der Abgeordnete in seiner persönlichen Abgeordnetenstellung Hoheitsträger, noch handelt die Partei als Son-

---

[17] Für die übrigen Bundesländer gilt Entsprechendes.

[18] AöR Bd. 78, 161; im übrigen ist streitig, ob es sich bei der den Parteien zukommenden Rechtsmacht um „institutionelle Hoheitsmacht" im üblichen Sinne handelt; vgl. hierzu *Hesse*, VVdStRL 17, 45; *Maunz / Dürig / Herzog*, Rdnr. 1 f. zu Art. 21 GG.

[19] Vgl. 2. Kap. I, 2. b), bb).

derrechtsträger; letztere deshalb nicht, weil die besondere hoheitliche Rechtsmacht der politischen Partei das Bestimmungsrecht über Inhalt und Dauer einer Abgeordnetentätigkeit — unter keinem Gesichtspunkt — umfaßt. Die Partei handelt außerhalb des ihr eingeräumten Verfassungssonderrechts. Subsidiär kommt unter diesen Voraussetzungen die allgemeine Privatrechtskompetenz zum Einsatz. Unter diesen Voraussetzungen ist der Vertrag privatrechtlich zu werten.

Die Vertragszulässigkeit richtet sich nach der privaten Dispositionsfähigkeit des Abgeordnetenstatus. Zwar besitzt der Abgeordnete — und hier drängen sich Parallelen zum Fall OLG Bamberg[20] auf — selbst das Dispositionsrecht über sein Abgeordnetenrecht. So kann er etwa vorzeitig verzichten. Eine vertragliche Bindung lassen die Besonderheiten des Abgeordnetenstatus indes nicht zu. Der Abgeordnetenstatus ist verfassungsrechtlich daraufhin angelegt, den Volksvertretern jederzeit die freie, nicht imperative Entscheidung über Ausübung oder Niederlegung ihres Mandats zu belassen. Vertragliche Bindungen wären geeignet, ihre innere und äußere Unabhängigkeit, ihre jederzeitige Eigenverantwortlichkeit, die auch das Recht eines Sinneswandels einschließt, zu untergraben. Der Vertrag ist *rechtswidrig* und gem. § 134 BGB nichtig.

---

[20] DVBl 1967, 55.

7. Kapitel

Zusammenfassung

I. Die vertragliche Rechtsnatur

Der Vertrag zwischen Privatpersonen über öffentlichrechtliche Verpflichtungen oder Berechtigungen kann öffentlichrechtlich, privatrechtlich oder gemischtrechtlich zu qualifizieren sein.

Die Attribute „öffentlichrechtlich, privatrechtlich, gemischtrechtlich" umschreiben in diesem Zusammenhang eine besondere Form der Zuordnung eines Vertrags zum öffentlichen Recht oder Privatrecht oder zu beiden Rechtsbereichen.

Formale Maßstäbe öffentlichrechtlicher oder privatrechtlicher Determination bilden die Definitionskorrektive der *inneren Widerspruchslosigkeit* und der *Lückenlosigkeit*.

Die vertragliche Rechtsnatur richtet sich unter Beachtung dieser Grundsätze nach der rechtlichen Qualifikation der vertragsbeteiligten Rechtsträger. Dem Vertragsgegenstand (Gegenstandstheorie) kommt keine Relevanz für die Einordnung zu.

Der öffentlichrechtliche Vertrag ist der Vertrag, an dem die Vertragspartner in ihrer Eigenschaft als „private Hoheitsträger" (öffentlichrechtliche Sonderrechtsträger, *Beliehene*) teilnehmen.

Für die Qualifikation ist unerheblich, ob von der rechtlich vorgesehenen Handlungsform Gebrauch gemacht wurde. Wesentlich ist nur, daß die Vertragspartner im Rahmen der ihnen eingeräumten Sonderrechte handeln.

Die Sonderrechtsqualität als solche kann verfassungs- oder verwaltungsrechtlicher Natur sein.

Der privatrechtliche Vertrag wird kraft der dem Privatrechtssubjekt zustehenden Privatrechtskompetenz eingegangen.

Der subordinationsrechtlich öffentlichrechtliche Vertrag wird von seiten des beteiligten (privaten) Hoheitsträgers kraft Sonderrechts, von seiten der beteiligten Privatperson kraft einer — in der Regel erweiterten — Privatrechtskompetenz eingegangen. Unter diesen Voraussetzungen ist er in Wahrheit ein besonderer Fall des gemischten Vertrags.

Gemischte Verträge sind solche, bei denen innerhalb eines Gesamtvertrags Privatrechtskompetenz und öffentlichrechtliche Kompetenz nebeneinander zum Einsatz kommen.

Die Einordnung bestimmen allein *objektive* Gesichtspunkte. Die (subjektiv ausgerichtete) Lehre vom Formenwahlrecht der Hoheitsträgers ist abzulehnen (erweiterte Sonderrechtstheorie).

§ 54 VwVfG 1977 ist in Anwendung vorgenannter Grundsätze wie folgt zu präzisieren: Der Vertrag, der ein Rechtsverhältnis auf dem Gebiete des öffentlichen Rechts gestaltet, ist der kraft Sonderrechts eingegangene Pakt. Gleiches gilt für die Landesregelungen.

II. Die Vertragszulässigkeit

1. Die Zulässigkeit des privatrechtlichen Vertrags

Der Vertrag als Handlungsform zwischen Privatpersonen zur Regelung öffentlichen Rechts ist als privatrechtlicher Vertrag aus inhaltlichen Gründen generell unzulässig. Eine *Verfügung über öffentliches Recht* als solches ist *kraft Privatrechts nicht möglich.*

Ausnahmen gelten für den privatrechtlichen Vertrag, dessen ursprünglich öffentlichrechtlicher Regelungsstand *ins Privatrecht entlassen* ist und für den privatrechtlichen Vertrag, für den öffentliches Recht nur (äußerer) Annextatbestand privatrechtlicher Leistungsbeziehungen dargestellt.

2. Die Legitimation des — koordinationsrechtlichen — öffentlichrechtlichen Vertrags

Der Vertrag zwischen Privaten über öffentliches Recht als öffentlichrechtlicher Vertrag ist im Rahmen des § 54 VwVfG seiner Handlungsform nach zulässig, wenn die beteiligten Privatrechtsträger kraft gesetzlicher Ermächtigung zugleich beliehene Hoheitsträger sind und kraft dieses Rechts paktieren.

Für die Zulässigkeit der Handlungsform ist eine formellgesetzliche Ermächtigungsgrundlage insoweit nicht zu fordern.

Die inhaltliche Dispositionsbefugnis findet ihre Legitimation und ihre Grenzen an Inhalt und Umfang der zum Handeln ermächtigenden Hoheitskompetenz. Weitere Anhaltspunkte geben die in der Verwaltungsverfahrensgesetzen getroffenen Regelungen.

3. Die Zulässigkeit des subordinationsrechtlichen Vertrags

Die Legitimation der Bindung durch Einigung (Zulässigkeit vertraglicher Handlungsform im Sinne des § 54 VwVfG) bedarf von Seiten des Hoheitsträgers zu Gunsten der gleichberechtigten Teilhabe des Bürgers am Vertrag konkreter Verleihung.

Zur *gemeinsamen Verfügung* über öffentliches Recht ist *Beleihung* des beteiligten Privatrechtssubjekts zwingend erforderlich. Der subordinative Vertrag wird insoweit zum echten koordinationsrechtlichen Vertrag.

Im übrigen genügt die Erweiterung der allgemeinen Privatrechtskompetenz des Privatrechtssubjekts zur Herbeiführung der Bindungswirkung der Einigung.

Der erforderliche Rechtsverleihungsakt liegt jeweils im *Vertragsangebot* des beteiligten Hoheitsträgers. Ihm kann *Doppelnatur* zukommen. Das bindende Vertragsangebot ist zugleich begünstigender Verwaltungsakt.

Zur Verleihung eines zum Vertragsschluß ermächtigenden Sonderrechts ist eine formellgesetzliche Grundlage erforderlich.

Für die Erweiterung der allgemeinen Privatrechtskompetenz — zur gemeinsamen Verfügung über Privatrecht — gilt der Gesetzesvorbehalt nicht.

Im übrigen ist die Vertragsteilnahme des beteiligten Hoheitsträgers auf der einen Seite und des Privatrechtssubjekts auf der anderen Seite je *isoliert* zu beurteilen. Der Privatrechtsträger unterliegt den Grundsätzen des Privatrechts. Er darf um eine Gegenleistung bis zur Grenze der Sittenwidrigkeit feilschen. Der beteiligte Hoheitsträger unterliegt den Grundsätzen des öffentlichen Rechts der Bindung an Recht und Gesetz.

Inhaltliche Zulässigkeitsschranken der Disposition über öffentliches Recht folgen aus der Eigenart des zum Vertragshandeln ermächtigenden Sonderrechts; im übrigen gelten die allgemeinen Grundsätze öffentlichen Rechts sowie die Regelungen der Verwaltungsverfahrensgesetze.

III. Das Vertragsrecht

Das im einzelnen anwendbare Vertragsrecht sind für den *privatrechtlichen* Vertrag die zivilrechtlichen Regeln des BGB.

Für den *koordinationsrechtlichen öffentlichrechtlichen* Vertrag gelten eigene öffentlichrechtliche Vertragsgrundsätze, die teils aus allgemeinen Rechts- und Gesetzesgedanken zu konkretisieren sind, teils aus dem Zivilrecht im Wege der Analogie oder durch andere Mittel der Nachbildungstechnik gewonnen werden und teils in den Verwaltungsverfahrensgesetzen niedergelegt sind.

Die gebotene isolierende Betrachtungsweise zwingt im Rahmen des subordinativen Vertrags zur genauen Differenzierung des zur Beurteilung anstehenden Vertragshandelns. Das öffentliche Recht gilt als Amtsrecht des beteiligten Hoheitsträgers für alle seine Vertragshandlungen. Das Privatrechtssubjekt unterliegt den allgemeinen zivilrechtlichen Normen.

Der *rechtswidrige* subordinative Vertrag ist, soweit durch Zivilrecht bestimmt, durchgängig nichtig; soweit er öffentlichem Recht unterliegt, nach den Vorschriften der Verwaltungsverfahrensgesetze teils wirksam, teils nichtig.

Eine *Umdeutung* nichtiger öffentlichrechtlicher in gültige privatrechtliche Verträge ist nicht möglich.

Prozessual ist der subordinative Vertrag aus Gründen der Prozeßökonomie dem Verwaltungsrechtsweg zuzuweisen. Gleiches gilt für sonstige gemischte vertragliche Rechtsverhältnisse.

Literaturverzeichnis

Apelt: Der verwaltungsrechtliche Vertrag, Leipzig 1920, Neudruck 1964

— Der verwaltungsrechtliche Vertrag, Archiv für öffentliches Recht, Bd. 84 (1959), S. 249

Aye / Göbelsmann / Dersch u. a.: Reichsversicherungsordnung, Gesamtkommentar, Wiesbaden, Stand 1967

Bächle: Unterhaltung und Ausbau von Gewässern nach neuem baden-württembergischen Wasserrecht, DVBl 1962, S. 90

Barocka: Vereinbarungen und Verträge im Wasserrecht, Verwaltungsarchiv Bd. 51 (1960), S. 1

Baumgärtel: Wesen und Begriff der Prozeßhandlung einer Partei im Zivilprozeß, Berlin 1957

Baumann: Das VwVfG des Bundes, DÖV 1976, 475

Beck: Schuldübernahme und Schuldumwandlung, Archiv für öffentliches Recht, Bd. 68 (NF 30), S. 205

Beinhardt: Der öffentlichrechtliche Vertrag im deutschen und französischen Recht, Verwaltungsarchiv Bd. 55, (1964), S. 210

Bender: Allgemeines Verwaltungsrecht, Freiburg, 2. Auflage 1956

Bengs: Die Ablösung bevorrechtigter Steuerforderungen im Verfahren der Zwangsversteigerung von Grundstücken, JW 1937, S. 437

Bettermann: Urteilsanmerkungen, DVBl 1962, S. 486 und DVBl 1961, S. 919

Bidinger: Personenbeförderungsrecht, Berlin 1971

Bisek: Der öffentlichrechtliche Vertrag nach dem Musterentwurf eines Verwaltungsverfahrensgesetzes in der Fassung von 1963, in der „Münchener Fassung" von 1966 und dem schleswig-holsteinischen Landesverwaltungsgesetz, Diss. iur. München 1970

Bleckmann: Subordinationsrechtlicher Verwaltungsvertrag und Gesetzmäßigkeit der Verwaltung, Verwaltungsarchiv Bd. 63 (1972), S. 404

Bosse: Der subordinationsrechtliche Verwaltungsvertrag als Handlungsform öffentlicher Verwaltung, Berlin 1974

Brügelmann u. a.: Bundesbaugesetz, Stuttgart, Stand 1974

Buddeberg: Rechtssoziologie des öffentlichrechtlichen Vertrags, Archiv für öffentliches Recht, Bd. 8 (NF), (1925), S. 85

Brunn / Hebenstreit: Bundesentschädigungsgesetz, Berlin 1965

Bullinger: Vertrag und Verwaltungsakt, Stuttgart 1962

— Zur Notwendigkeit funktionalen Umdenkens des öffentlichen und privaten Vertragsrechts im leistungsintensiven Gemeinwesen, in: Gedächtnisschrift für Hans Peters 1967, S. 667

Brohm: Strukturen der Wirtschaftsverwaltung, Stuttgart 1969

von Campenhausen: Die Koppelung von Verwaltungsakten mit Gegenleistungen im Vertragswege im Bau- und Bauordnungsrecht, DÖV 1967, S. 662

Clasen: Das mit Zivil- und Verwaltungsrecht gemischte Rechtsverhältnis, DÖV 1959, S. 281

Crisolli: Die Übertragung der steuerlichen Rechte und Pflichten, JW 1937, S. 1218

Crisolli / Schwarz: Hessisches Beamtengesetz, Kommentar, Neuwied 1973

Dagtoglou: Partizipation Privater an Verwaltungsentscheidungen, DVBl 1972, S. 712

Daumann: Zur Frage der Beiladung des Staates in Anfechtungssachen, Bayerische Verwaltungsblätter 1957, S. 348

Dicke: Die bergrechtliche Grundabtretung als Musterbeispiel eines öffentlich-rechtlichen Vertrages zwischen Privaten, Zeitschrift für Bergrecht 1970, S. 431

Drews / Wacke u. a.: Gefahrenabwehr, Köln, 8. Auflage 1975

Ebel / Weller: Allgemeines Bergrecht, Berlin, 2. Auflage 1963

Eckert: Leistungsstörungen in verwaltungsrechtlichen Schuldverhältnissen, DVBl 1962, S. 11

Eisler: Handwörterbuch der Philosophie, Mikroausgabe, Düsseldorf, 2. Auflage 1922

Entwurf eines Verwaltungsverfahrensgesetzes: Bundestagsdrucksache 7/910 1973, mit Einzelbegründung

Entwurf einer Verwaltungsrechtsordnung für Württemberg, 1931

Erichsen: Rechtsfragen des verwaltungsrechtlichen Vertrages, Verwaltungsarchiv 1977, 1, 65

Erichsen / Martens (Hrsg.): Allgemeines Verwaltungsrecht, Berlin 1975

Ernst / Zinkahn / Bielenberg: Bundesbaugesetz, München 1975

Eyermann / Fröhler: Verwaltungsgerichtsgesetz, München 1950

— Verwaltungsgerichtsordnung, Kommentar, München, 5. Auflage 1971

Festgabe für Maunz (Hrsg. *Spanner*), München 1971

Festschrift f. K. Sieg (Hrsg. *Baumann / Schirmer / Schmidt),* Versicherungswirtschaft 1976

Festschrift für H. J. Wolff, (Hrsg. *Menger*): Fortschritte des Verwaltungsrechts, München 1973

Fielitz: Personenbeförderungsgesetz, Frankfurt, Stand 1972

Fleiner: Umbildung zivilrechtlicher Institute durch das öffentliche Recht, Antrittsrede 1906 in Tübingen, Tübingen 1906

— Institutionen des deutschen Verwaltungsrechts, Tübingen, 8. Auflage 1928

Foerster: Kommentar zum Allgemeinen Verwaltungsgesetz von Schleswig-Holstein, Wiesbaden, Stand 1973

Forsthoff: Lehrbuch des Verwaltungsrechts, Bd. I, Allgemeiner Teil, München, 10. Auflage 1973

Gallwas: Die Erfüllung von Verwaltungsaufgaben durch Private, VVDStRL 1971, S. 211

Geigel: Der Haftpflichtprozeß, München, 12. Auflage 1964

Gerecht: Grundabtretung und Artikel 14 Grundgesetz, Zeitschrift für Bergrecht, Bd. 107, S. 267

Germershausen / Seydel: Wegerecht und Wegeverwaltung in Preußen, Berlin, Nachdruck 1955

Giacometti: Allgemeine Lehren des rechtsstaatlichen Verwaltungsrechts, Zürich 1960

Gitzinger: Verwaltungsakt auf Unterwerfung, antragsbedingter Verwaltungsakt oder öffentlichrechtlicher Vertrag, Diss. iur. Tübingen 1936

Götz: Hauptprobleme des verwaltungsrechtlichen Vertrags, JUS 1970, S. 1
— Das neue VwVfG, NJW 1976, 1425

Grund: Die Konkurrenz zwischen subordinationsrechtlichem Verwaltungsvertrag und Verwaltungsakt, DVBl 1972, S. 884

Harmening u. a.: Lastenausgleich, München, Stand 1975

Haueisen: Zur Zulässigkeit, Wirksamkeit und Nichtigkeit des öffentlichrechtlichen Vertrags, NJW 1969, S. 122

Hellwig: Zur Systematik des zivilprozeßrechtlichen Vertrags, Bonn 1968

Heitzer / Oestreicher: Bundesbaugesetz, Berlin, 5. Auflage 1973

Henke: Das subjektive öffentliche Recht, Tübingen 1969

Hesse: Grundzüge des Verfassungsrechts der BRD, Karlsruhe, 7. Auflage 1974 und 8. Auflage 1975
— Die verfassungsrechtliche Stellung der politischen Parteien im modernen Staat, VVDStRL Bd. 17, S. 10

Heyen: Das staatstheoretische und rechtstheoretische Problem des Beliehenen, Diss iur. Konstanz 1973

Hillermeier: Klage auf Rücknahme einer verwaltungsgerichtlichen Klage, DVBl 1967, S. 19

Huber: Beliehene Verbände, DVBl 1952, S. 456

Jedlicka: Der öffentlichrechtliche Vertrag im Verwaltungsrecht, Diss. iur. Zürich 1928

Jellinek, G.: System der subjektiven öffentlichen Rechte, Tübingen, 2. Auflage 1905, Neudruck 1964

Jellinek, W.: Lehrbuch des Verwaltungsrechts, Offenburg, 3. Auflage 1948

Imboden: Der öffentlichtrechtliche Vertrag, Basel 1958

Ipsen: Verwaltung durch Subventionen, VVDStRL 1967, S. 370

Kellerhals: Der öffentlichrechtliche Vertrag, insbesondere die Anwendung von Zivilrecht auf dessen Vertragsschluß, Diss. iur. Basel 1948

Ketterer / Giehl / Leonhardt: Die Streupflicht, München, 3. Auflage 1970

Klein: Zum Begriff der öffentlichen Aufgabe, DÖV 1965, S. 755

Knack: Kommentar zum VwVfG, Köln 1977

Kodal: Straßenrecht, München, 2. Auflage 1964, mit Nachtrag 1968

Kohl: Die Möglichkeit öffentlichrechtlicher Verträge im Verwaltungsrecht, Diss iur. Freiburg 1934/35

Kohler: Über prozeßrechtliche Verträge und Kreationen, Gruchot Bd. 31, (1887), S. 276

Kopp: Der beliehene Unternehmer, DVBl 1970, S. 724
— Verwaltungsgerichtsordnung, München 1974
— VwVfG mit Erläuterungen, München 1976

Kormann: System der rechtsgeschäftlichen Staatsakte, Berlin 1910

Kottke: System des subordinationsrechtlichen Verwaltungsvertrags, Diss. iur. Hamburg 1966

Krause: Die Willenserklärung des Bürgers im Bereich des öffentlichen Rechts, Verwaltungsarchiv Bd. 61 (1970), S. 297
— Willensmängel bei mitwirkungsbedürftigen Verwaltungsakten und öffentlichrechtlichen Verträgen, JUS 1972, S. 425
— Rechtsformen des Verwaltungshandelns, Berlin 1974

Kuhn: Kommentar zum Landesverwaltungsgesetz Schleswig-Holstein, Flensburg 1970

Kühn / Kutter: Abgabenordnung, Stuttgart 1974

Laufkötter: Vereinbarungen über die Ausübung öffentlicher Gewalt, Diss. iur. Würzburg 1937

Leippert: Der Verzicht auf subjektive öffentliche Rechte mit besonderer Berücksichtigung des Verzichts auf Leistungen der Sozialversicherung, Diss. iur. Freiburg 1953

Leisner: Grundrechte und Privatrecht, München 1960

Lerche: Die verwaltungsgerichtliche Klage aus öffentlichrechtlichen Verträgen, in: „Staatsbürger und Staatsgewalt" Bd. II, 1963, S. 59

Liermann: Über die rechtliche Natur der Vereinbarungen politischer Parteien untereinander, Archiv für öffentliches Recht, Bd. 50, S. 401

Löwer: Der verwaltungsgerichtliche Prozeßvergleich als materielles Rechtsgeschäft, Verwaltungsarchiv Bd. 56, (1965), S. 142

Martens: Übertragung von Hoheitsgewalt auf Schüler, NJW 1970, S. 1029
— Normvollzug durch Verwaltungsakt und Verwaltungsvertrag, Archiv für öffentliches Recht, Bd. 89 (1964), S. 424

Maunz / Dürig / Herzog: Kommentar zum Bonner Grundgesetz, München, Stand 1973

Mayer, O.: Zur Lehre vom öffentlichrechtlichen Vertrag, Archiv für öffentliches Recht, Bd. 3 (1888), S. 1

Menger: Höchstrichterliche Rechtsprechung zum Verwaltungsrecht, Verwaltungsarchiv Bd. 52, (1961)

Menger / Erichsen: Höchstrichterliche Rechtsprechung zum Verwaltungsrecht, Verwaltungsarchiv Bd. 56, (1965)

Merk: Deutsches Verwaltungsrecht, Berlin 1962

Meyer / Borgs: Kommentar zum VwVfG, Frankfurt 1976

Michaelis: Der Beliehene, Diss. iur. Münster 1969

Molitor: Über öffentliches Recht und Privatrecht, Karlsruhe 1949

von Mutius: Höchstrichterliche Rechtsprechung zum Verwaltungsrecht, Verwaltungsarchiv Bd. 62, 1971, S. 84

Nick: Kommentar zum Bayerischen Jagdgesetz, München, 3. Auflage 1972

Obermayer: Die Übertragung von Hoheitsbefugnissen im Bereich der Verwaltungsbehörden, JZ 1956, S. 625

Ossenbühl: Die Erfüllung von Verwaltungsaufgaben durch Private, VVDStRL 1971, S. 137

Otto: Nachfolge in öffentlichrechtlichen Positionen des Bürgers, Diss. iur. München 1968

Palandt u. a.: Kommentar zum BGB, München, 35. Auflage 1976

Pestalozza: „Formenmißbrauch" des Staates, München 1973

— Kollisionsrechtliche Aspekte der Unterscheidung von öffentlichem Recht und Privatrecht, DÖV 1974, S. 188

— Privatverwaltungsrecht: Verwaltungsrecht unter Privaten, JZ 1975, S. 50

Peters: Lehrbuch der Verwaltung, Berlin 1949

Pieper: Zulässigkeit und Funktion des öffentlichrechtlichen Vertrags im Verhältnis Staat — Bürger, insbesondere im Vergleich zur Funktion des Verwaltungsakts, DVBl 1967, S. 11

Plog / Wiedow / Beck: Bundesbeamtengesetz I, Berlin 1974

Puppe: Rechtsfragen der öffentlichen Darlehensgewährung, DVBl 1965, S. 68

Püttner: Allgemeines Verwaltungsrecht, Düsseldorf, 2. Auflage 1973

Rebhahn: Öffentlichrechtliche Verträge im Bereich des Erschließungs-, Bauplanungs- und Bauordnungsrechts, Diss. iur. Frankfurt 1972

Redeker: Die Regelung des öffentlichrechtlichen Vertrags im Musterentwurf, DÖV 1966, S. 543

Redeker / v. Oertzen: Kommentar zur Verwaltungsgerichtsordnung, Stuttgart, 5. Auflage 1975

Renck: Bestandskraft verwaltungsrechtlicher Verträge, NJW 1970, S. 737

Reusch: Der Vertrag im Verwaltungsrecht, Diss. iur. Frankfurt 1929

Reuß: Die Rechtsstellung des Stellvertreters des Bezirksschornsteinfegers, DVBl 1962, S. 471

Rimann: Zur Rechtsnachfolge im öffentlichen Recht, DVBl 1962, S. 553

Rupp: Zum Anwendungsbereich des verwaltungsrechtlichen Vertrags, JUS 1961, S. 59

— Verwaltungsakt und Vertragsakt, DVBl 1959, S. 81

Ruppert: Der öffentlichrechtliche Vertrag im Verwaltungsrecht, Diss. iur. Würzburg 1958

Salzwedel: Die Grenzen der Zulässigkeit des öffentlichrechtlichen Vertrages, Berlin 1958

Schieckel / Gurgel: Bundesversorgungsgesetz, München, 3. Auflage 1975

Schleicher: Das VwVfG des Bundes, DÖV 1976, 550

Schlosser: Einverständliches Parteihandeln im Zivilprozeß, Tübingen 1968

Schmidt-Salzer: Tatsächlich ausgehandelter Verwaltungsakt, zweiseitiger Verwaltungsakt und verwaltungsrechtlicher Vertrag, Verwaltungsarchiv Bd. 62 (1971), S. 135

Schunck / de Clerck: Kommentar zur Verwaltungsgerichtsordnung, Siegburg, 2. Auflage 1967

Schütz / Frohberg: Kommentar zum Bundesbaugesetz, Neuwied, 3. Auflage 1970

Schwerdtfeger: Die öffentlichrechtliche Fallbearbeitung, München 1973

Seidel: Zur Lehre vom öffentlichrechtlichen Vertrag, Deutsche Diss. iur Breslau 1922

Selmer: Urteilsbesprechung, JUS 1974, S. 56/57

— Der Vorbehalt des Gesetzes, JUS 1968, S. 489

Simons: Leistungsstörungen verwaltungsrechtlicher Schuldverhältnisse, Berlin 1967

Soergel / Siebert: Kommentar zum BGB, Stuttgart, 10. Auflage 1967

Spanner: Grenzen zwischen öffentlichem Recht und bürgerlichem Recht im Wegerecht, Bielefeld 1958

Steffen: Der öffentlichrechtliche Vertrag im heutigen Recht, Deutsche Diss. iur. Königsberg 1938

Steiner: Öffentliche Verwaltung durch Private, DÖV 1970, S. 526

— Der beliehene Unternehmer, JUS 1969, S. 69

— Öffentliche Verwaltung durch Private — Allgemeine Lehren, Hamburg 1975

Stern: Zur Grundlegung einer Lehre des öffentlichrechtlichen Vertrages, Verwaltungsarchiv Bd. 49 (1958), S. 106

Stürner: Die Haftung der Gemeinde für verunreinigtes Wasser, JUS 1973, S. 749

Terrahe: Die Beleihung als Rechtsinstitut der Staatsorganisation, Diss. iur. Münster 1961

Tezner: Die Privatrechtstitel im öffentlichen Recht, Archiv für öffentliches Recht, Bd. 9, S. 489

Tipke / Kruse: Kommentar zur Abgabenordnung Köln, 7. Auflage 1973

Tober: Die „clausa rebus sic stantibus" bei verwaltungsrechtlichen Verträgen, Diss. iur. München 1970

Turegg / Kraus: Lehrbuch des Verwaltungsrechts, Berlin, 4. Auflage 1962

Ule: Verwaltungsgerichtsbarkeit, Köln, 2. Auflage 1962

— Das VwVfG, DVBl 1976, 421

Wannagat: Der Anwendungsbereich des öffentlichrechtlichen Vertrags im Sozialversicherungsrecht, NJW 1961, S. 1191

Werner: Der Übergang öffentlichrechtlicher Forderungen in die Hand eines Privatgläubigers, Verwaltungsarchiv Bd. 44 (1939), S. 273

Weiss: Falsa demonstratio im Verwaltungsrecht, Diss. iur. Münster 1963

Wolff: Der Unterschied zwischen öffentlichem und privatem Recht, Archiv für öffentliches Recht, Bd. 76 (1950/51), S. 205

— Verwaltungsrecht III, 3. Auflage 1973

Wolff / Bachof: Verwaltungsrecht I, München, 9. Auflage 1974
— Verwaltungsrecht II, 4. Auflage 1976

Zimniok: Kommentar zum bayerischen Wege- und Straßengesetz, München, 5. Auflage 1970

Zuleeg: Beleihung mit Hoheitsgewalt, Verwaltungshilfe und privatrechtliches Handeln bei Schülern, DÖV 1970, S. 627

Entscheidungsregister

1. Bundesverwaltungsgericht

Urteil vom 15. 12. 1960 (III C 238.59)	BVerwGE 11, 296	
Urteil vom 18. 10. 1963 (VII C 45.62)	BVerwGE 17, 41	
Urteil vom 5. 10. 1965 (IV C 26.65)	BVerwGE 22, 138	
Urteil vom 4. 2. 1966 (IV C 64.65)	BVerwGE 23, 213	
Urteil vom 26. 8. 1971 (VIII C 25.69)	BVerwGE 38, 281	
Urteil vom 30. 5. 1968 (III C 38.66)		WM 1968, 1205
Urteil vom 14. 3. 1969 (VII C 37.67)		DÖV 71, 312
Urteil vom 6. 7. 1973 (IV C 22.72)	BVerwGE 42, 331	DVBl 73, 800
Urteil vom 30. 4. 1976 (VII C 63.75)		NJW 1976, S. 2360

2. Bundesgerichtshof

Urteil vom 24. 10. 1956 (V ZR 21/55)		NJW 56, 1918
Urteil vom 29. 5. 1961 (VII ZR 87/60)		DÖV 61, 787
Urteil vom 19. 1. 1959 (III ZR 160/57)	BGHZ 29, 187	
Urteil vom 25. 4. 1960 (III ZR 81/59)	BGHZ 32, 214	DVBl 1960, 561 = NJW 60, 1457
Urteil vom 25. 5. 1961 (III ZR 60/60)	BGHZ 35, 175	
Urteil vom 12. 7. 1971 (III ZR 252/68)	BGHZ 56, 365	
Urteil vom 14. 2. 1962 (V ZR 128/60)		DVBl 62, 485
Urteil vom 31. 1. 1972 (III ZR 220/69)		DÖV 72, 719
Urteil vom 12. 1. 1960 (VI ZR 220/58)		DAR 60, 137 = VRS 18, 249

3. Bundessozialgericht

Urteil vom 16. 8. 1961 (11/8 RV 73/57)		DVBl 62, 338
Urteil vom 23. 3. 1961 (3 RK 1056)	BSGE 14, 104	
Urteil vom 19. 12. 1961 (7 RAr 35/61)	BSGE 16, 61	

4. Reichsgericht

Urteil vom 12. 5. 1908 (III 412/07)	RGZ 68, 370	
Urteil vom 12. 3. 1918 (III 296/17)	RGZ 92, 310	
Urteil vom 4. 6. 1918 (III 62/18)	RGZ 93, 78	
Urteil vom 25. 1. 1935 (III 151/34)	RGZ 146, 398	
Urteil vom 29. 1. 1887		ZfB Bd. 28, 398

5. Oberverwaltungsgerichte
Verwaltungsgerichtshöfe und Verwaltungsgerichte

a) Preußisches Oberverwaltungsgericht:
Urteil v. 21. 2. 1889 (IV C 113/97)   OVGE 33, 103
Urteil v. 19. 11. 1908 (VII C 415/08)   OVGE 53, 119
Urteil v. 26. 6. 1924 (V A 28/24)   OVGE 79, 225
Urteil v. 12. 10. 1933 (III C 69/33)   OVGE 91, 224
Urteil v. 23. 11. 1933 (III C 97/33)   OVGE 92, 181

b) VGH Mannheim:
Beschl. v. 20. 7. 1971 (IV 669/71)   DÖV 71, 708

c) Bayerischer VGH:
Beschl. v. 31. 3. 1970 (Nr. 27 I 69)   Bay.VBl 70, 221

d) OVG Berlin:
Urteil v. 13. 6. 1951 (I B 28/29.51)   DVBl 52, 758

e) VGH Kassel:
Urteil v. 20. 3. 1972 (VI OE 35/71)   NJW 72, 2062

f) OVG Lüneburg:
Urteil v. 29. 3. 1968 (I A 54/66)   DÖV 68, 803
Urteil v. 23. 11. 1970 (VI OVG A 114/70)   DVBl 72, 154

g) OVG Münster:
Urteil v. 20. 3. 1957 (III A 1285/55)   DÖV 57, 374

h) OVG Rheinland-Pfalz:
Urteil v. 14. 4. 1965 (2 A 4/65)   DVBl 65, 771

i) VG Berlin-Zehlendorf:
Urteil v. 28. 7. 1950 (1 B 55/50)   VerwRspr. Bd. 3, 219

6. Oberlandesgerichte, Landgerichte, Kammergericht

a) OLG Bamberg:
Urteil v. 20. 5. 1964 (1 U 31/64)   DVBl 67, 55

b) OLG Köln:
Urteil v. 3. 8. 1960 (2 U 16/60)   NJW 60, 2289

c) KG Berlin:
Beschl. v. 13. 2. 1967 (9 W 2276/66)   NJW 68, 605

d) LG Braunschweig:
Urteil v. 4. 8. 1970 (5 0 24/70)   DVBl 70, 591

MIX
Papier aus verantwortungsvollen Quellen
Paper from responsible sources
FSC® C105338

Printed by Libri Plureos GmbH
in Hamburg, Germany